リカの
フランス語単語帳
1000
― 初級編 ―

田中成和 / 渡辺隆司

共著

イラスト / 内田由紀

駿河台出版社

◆ はじめに ◆

　楽しみながら実力をつけるリカシリーズ第2作目『リカのフランス語単語帳1000』（初級編）をお届けします。

　入門編『リカのフランス語単語帳500』で学んだ基礎500語のあと覚えなければならない単語、約1000語が今回収録されています。この1000語はフランス語検定試験（仏検）の4級で過去に用いられた単語を中心に選ばれていますので、この1000語を確実に覚えれば、4級は楽に合格するはずです。

　入門編500語では、フランス語の文の骨組みを作るために絶対に必要な単語、いわゆる機能語とごく基本的な動詞、それに最低限の名詞、形容詞、副詞などが収められてました。それに対して、この1000語では、動詞の見出しに過去分詞を加え、複合過去、大過去などの複合時制にも対応できるようにしてあります。例文も現在形ばかりでなく、複合過去、半過去、単純未来、条件法、接続法など、さまざまな動詞の形を用いた文を使いました。またフランス語の文を肉付けする名詞、形容詞、動詞などの単語も大幅に増えています。

　つまり本書1000語と入門編500語の2冊を学習すれば、大学の教養課程で学ぶフランス語の語彙は問題なく頭に入るでしょう。それにフランスを旅行する時などに使う単語の表現もカバーされているので、参考書としても活用できます。

　さて、この『リカのフランス語単語帳1000』は、元気娘リカとその友人たちとの日常を背景に、各例文が構成されています。読み進んでいくと、パリ留学中のリカの生活やキャラクターが分かる仕組みになってます。

　それでは皆さん、楽しくフランス語の単語を覚えていってください！

著者

◆ もくじ ◆

はじめに ◆ 1

この本の使い方 ◆ 3〜7

登場人物紹介 ◆ 8

UNITE 1 —————————— 9〜24
イラストで覚える200単語

UNITE 2 —————————— 25〜279
例文で覚える1000単語

UNITE 3 —————————— 280〜282
数字と序数詞

UNITE 4 —————————— 283〜303
さくいん

◆ この本の使い方 ◆

　UNITE 1のカラーページにある単語は、身の回りのものなどを目で見てすぐ分かるように分類してあります。楽しく覚えてください。
　UNITE 2では、フランス語を始めたばかりの人が、まず最初に覚えなければならない単語、約1000語をABC順に並べています。カラーページにある単語も、ここでは例文と共に記載されています。
　数字と序数詞はUNITE 3にまとめてあります。

略 語

名	名詞	形	形容詞
男	(形容詞のとき) 男性形；(名詞のとき) 男性名詞		
女	(形容詞のとき) 女性形；(名詞のとき) 女性名詞		
複	複数形	固有	固有名詞
定冠	定冠詞	前	前置詞
動	動詞	代動	代名動詞
過分	過去分詞		
所形	所有形容詞	不形	不定形容詞
人代	人称代名詞	疑代	疑問代名詞
不代	不定代名詞	指代	指示代名詞
中代	中性代名詞	関代	関係代名詞
副	副詞	副句	副詞句
疑副	疑問副詞		
接	接続詞	接句	接続詞句
間	間投詞		

◆形容詞の表記

❶ 男性形に e をつけると女性形になるものは、次のように表記しました。

| **dur, *e*** | [dyr デュール] | 形 |

固い；難しい

Cette viande est trop ***dure***.
この肉は固すぎる。

❷ 男性形語末の子音を重ねて e をつけるものは、以下のようになります。

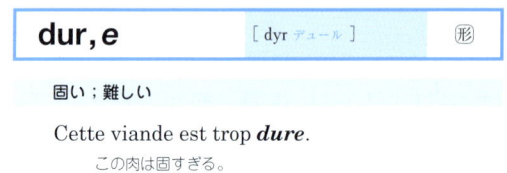

❸ 2行になっている場合は発音がかわるものと、語末が変化するものと2種類あります。

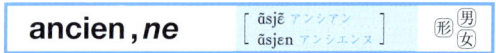

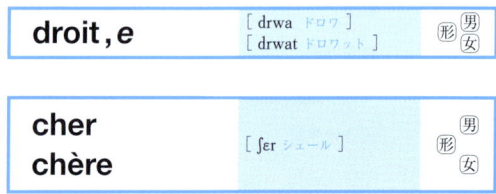

❹ 男性形が e で終わっているときは、女性形に e をつける必要がないので以下のようになります。

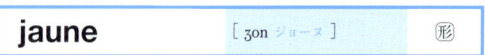

◆ 名詞の性と数

❶ 親族、職業など性別によって変化する名詞は以下のように表記しました。

| cousin, e | [kuzɛ̃ クザン]
[kuzin クジーヌ] | 名 男/女 |

いとこ

Jean, tu as combien de ***cousins*** ?
ジャン、いとこは何人いるの？

| lycéen, ne | [liseɛ̃ リセアン]
[liseɛn リセエンヌ] | 名 男/女 |

高校生

Hélène est ***lycéenne***.　　エレーヌは高校生です。

| chanteur
chanteuse | [ʃɑ̃tœr シャントゥール]
[ʃɑ̃tøz シャントゥーズ] | 男
名
女 |

歌手、シンガー

❷ 語尾に s をつければ、複数形になるものはとくに指示していません。語尾が変化するものや、複数形で語尾に x をつけるものは次のように表記しました。

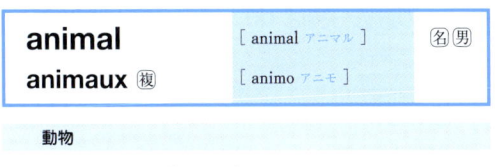

| animal
animaux 複 | [animal アニマル]
[animo アニモ] | 名 男 |

動物

Ma fille aime les ***animaux***.　わたしの娘は動物好きです。

◆動詞

動詞の過去分詞は、er 動詞の場合、規則的(er ➡ é) なので見出しには示していません。er 動詞以外の場合はつぎのように表記しました。

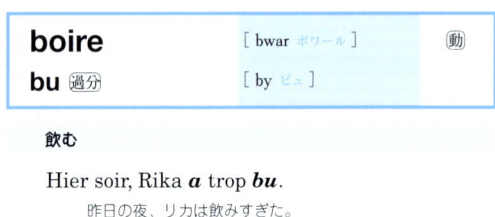

飲む

Hier soir, Rika *a* trop *bu*.
昨日の夜、リカは飲みすぎた。

注意：過去分詞は名詞を修飾するとき、性数一致することがあります。（女性形には e、複数形には s をつけます）

【例】 Rika est allée à Versailles.

（リカはヴェルサイユに行きました）

Les chaussures que Rika a achetées sont très jolies.

（リカが買った靴はとてもきれいです）

ただし devoir の過去分詞は dû、過去分詞女性形は due になります。

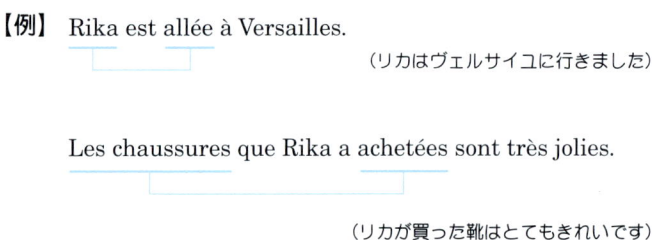

◆ その他の注意点

◆『リカのフランス語単語帳500』にある単語とその意味は以下のように示しています。
例文や訳文は500語で確認してみてください。

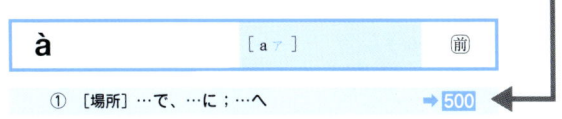

Aujourd'hui Hélène reste *à* la maison.
今日エレーヌは家にいます。

※本書の「さくいん」では『リカのフランス語単語帳500』にある単語もまとめて記載されています。

◆ h で始まる単語でリエゾン、エリジオン、アンシェーヌマンが行われない有音の h には見出しの前に † をつけました。

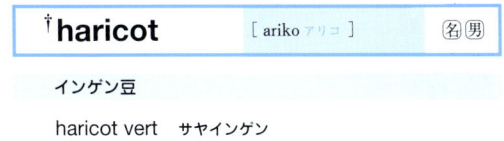

インゲン豆

haricot vert　サヤインゲン

◆ 反意語はつぎのように示しました。

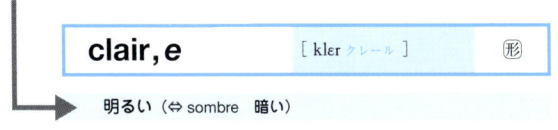

明るい（⇔ sombre　暗い）

Ah ! Votre cuisine est très *claire* !
あら、おたくのキッチンはとても明るいですね。

Personnages
登場人物紹介

Rika Sato
パリへ短期留学している元気娘
彼女の野望は彼氏ゲット！
おしゃれセンスアップ！

Paul Dumont
リカとなぜか出会ってしまった
売れないロックバンドのボーカル
医者の父親と同居中

Hélène Marceau
ポールのいとこ 恋人募集中のリセエンヌ

Jean Poulet
ポールの友人 日本に憧れてる大学生

Claude Kimura
リカの友人（日本人）

Isabelle
ジャンの姉

Virginie
ジャンの妹

UNITE 1
イラストで覚える200単語

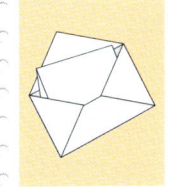

la famille (家族)

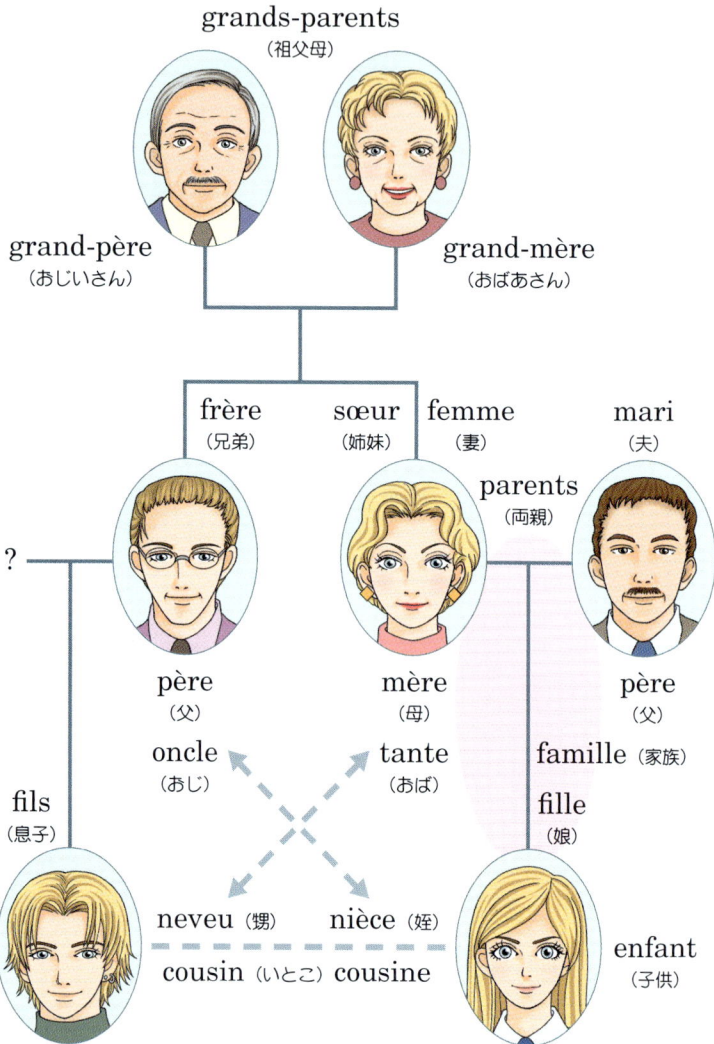

le corps (身体)

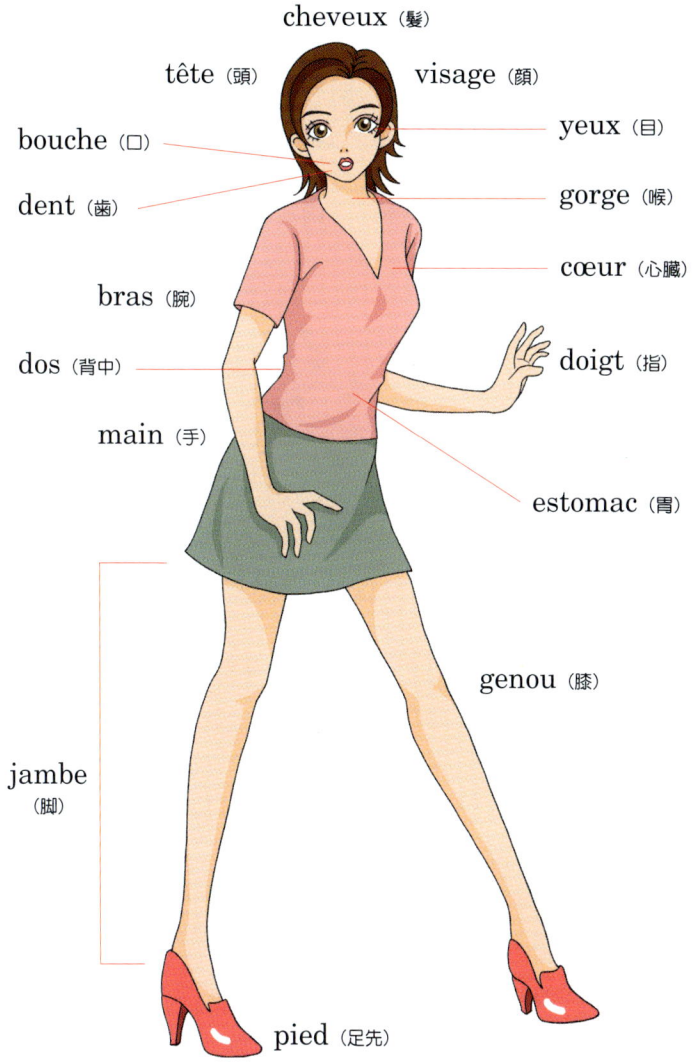

le monde (世界)

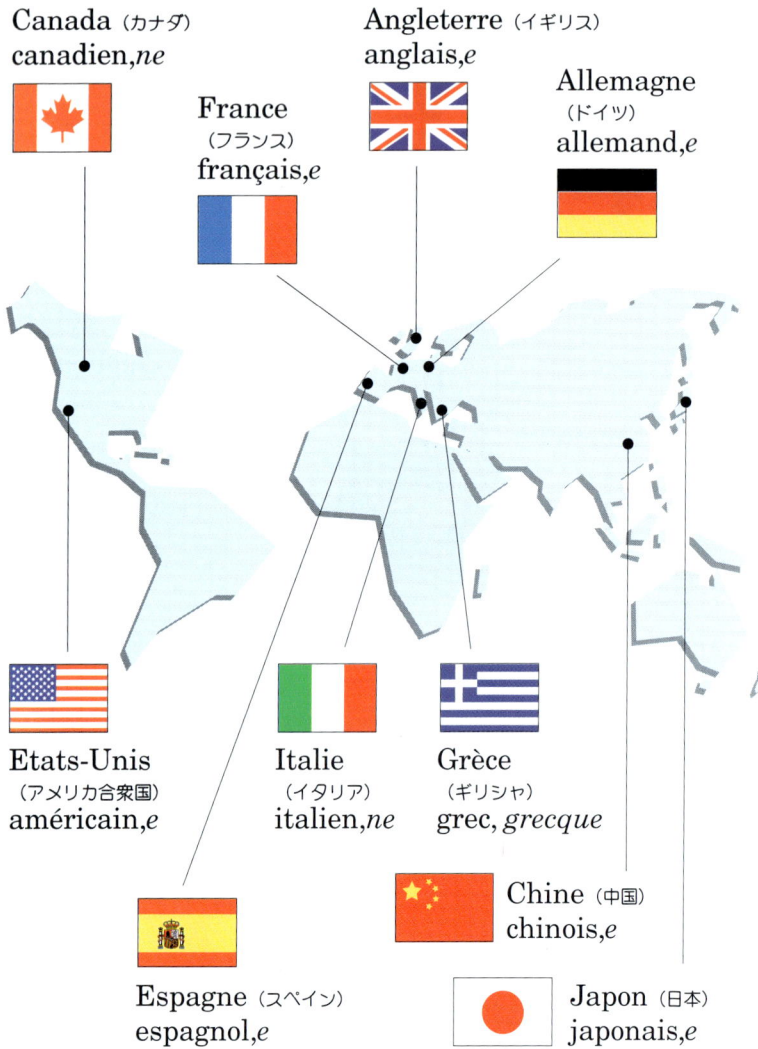

les professions (職業)

interprète (通訳)

journaliste (ジャーナリスト)

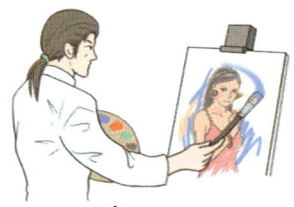
peintre (画家)

photographe (カメラマン)

musicien (ミュージシャン)

marchand (商人)

président (大統領)

secrétaire (秘書)

camion (トラック)

TGV （新幹線）

autoroute （高速道路）

gare （駅）

Opéra
（オペラ座）

parc
（公園）

terrasse
（カフェのテラス席）

route
（道路）

mairie （市役所）

moto
（オートバイ）

boulevard
（大通り）

Opéra
（オペラ座）

place （広場）

autobus
（バス）

jardin
（植物園）

arrêt （バス停）

château
（城/館）

université （大学）

la mode (ファッション)

parfum (香水)

chapeau (帽子)

gants (手袋)

tailleur (テーラードスーツ)

poche (ポケット)

mini-jupe (ミニスカート)

vêtement (衣服)

sac (鞄)

chaussures (靴)

veste (ジャケット)

portefeuille
（財布）

blond（金髪）

lunettes
（めがね）

chemise
（男物シャツ）

T-shirt
（Tシャツ）

manteau
（コート）

cravate
（ネクタイ）

montre（腕時計）

pull
（セーター）

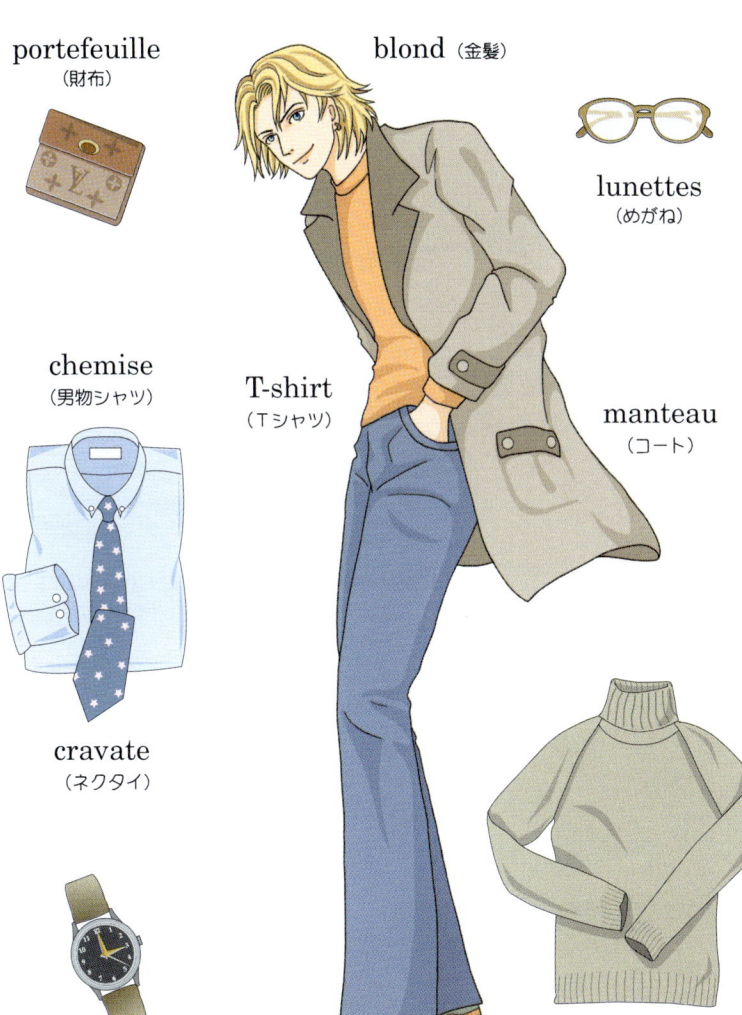

les aliments （食品）

fruits （果物）

cerise （さくらんぼ）　　citron （レモン）　　orange （オレンジ）

légumes （野菜）

carotte （ニンジン）

tomate （トマト）　　oignon （タマネギ）　　haricot vert （インゲン）

poisson （魚）　　poulet （若鶏）

œuf （卵）

sucre （砂糖）

sel （塩）

mayonnaise （マヨネーズ）

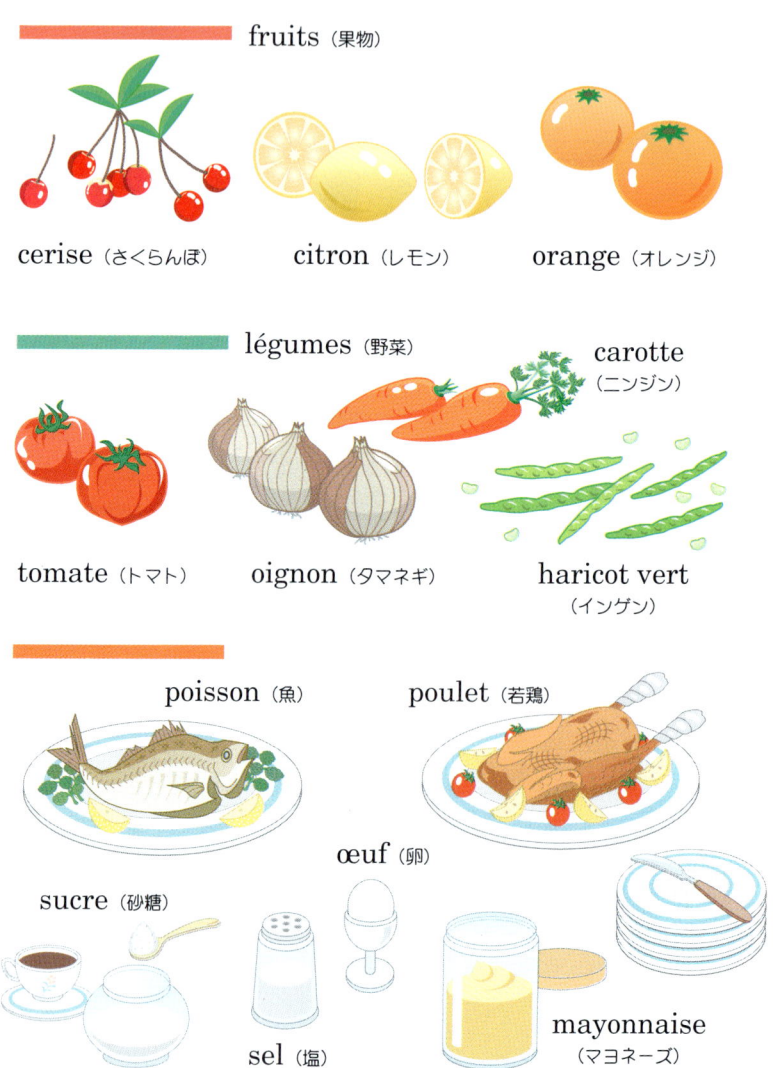

la maison des Dumont (デュモン家)

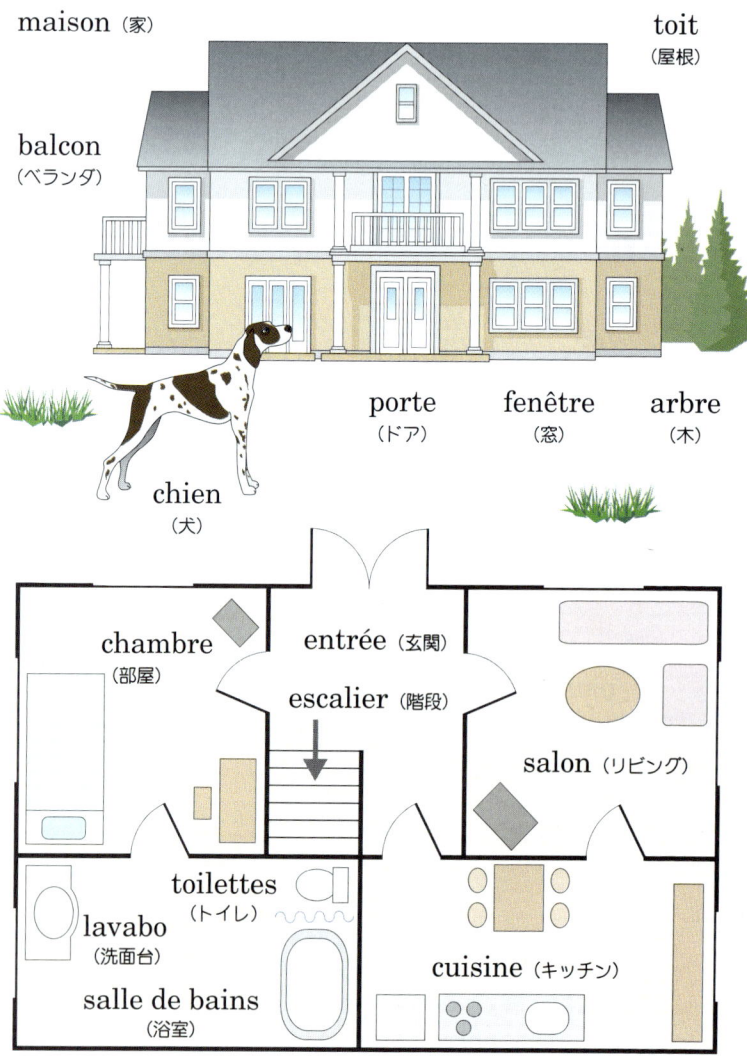

les affaires...etc. (身の回りの品…など)

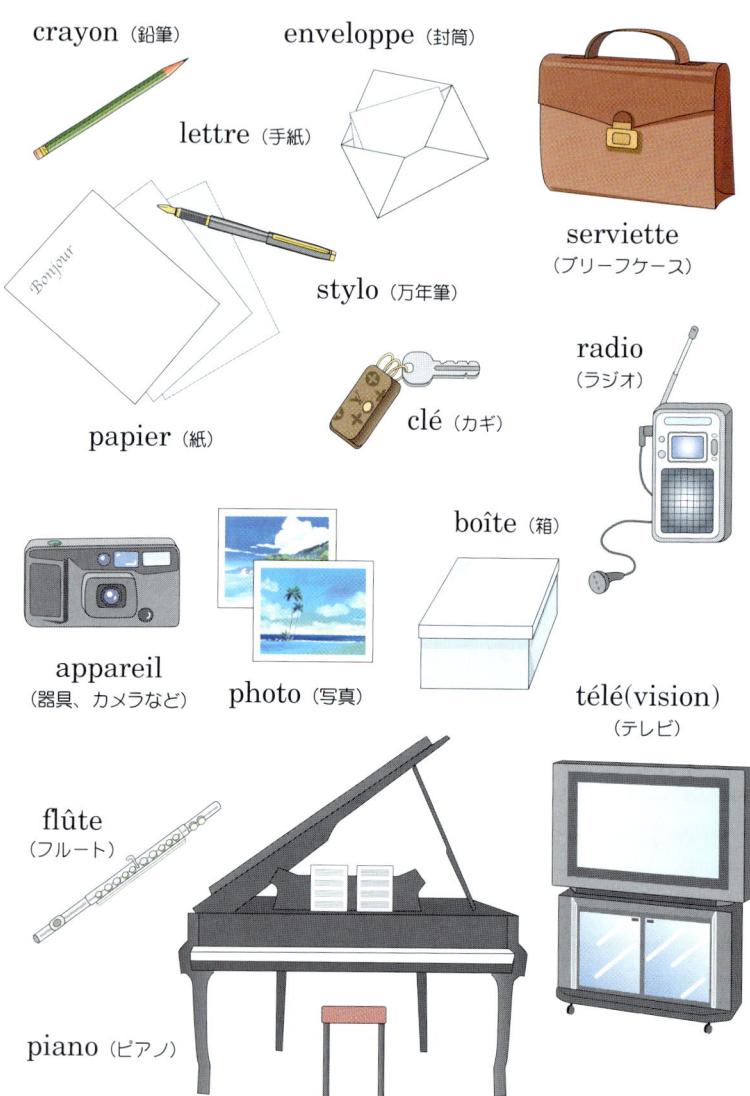

la nature（自然）

paysage（景色、風景）

forêt（森）

lac（湖）

étoile（星）　terre（地面、土地、地球）

campagne（田園）

champ（畑）

nuage（雲）

île（島）

bois（林、森）

plage（ビーチ）

mer（海）

rivière（川）

les loisirs （レジャー）

sport （スポーツ）

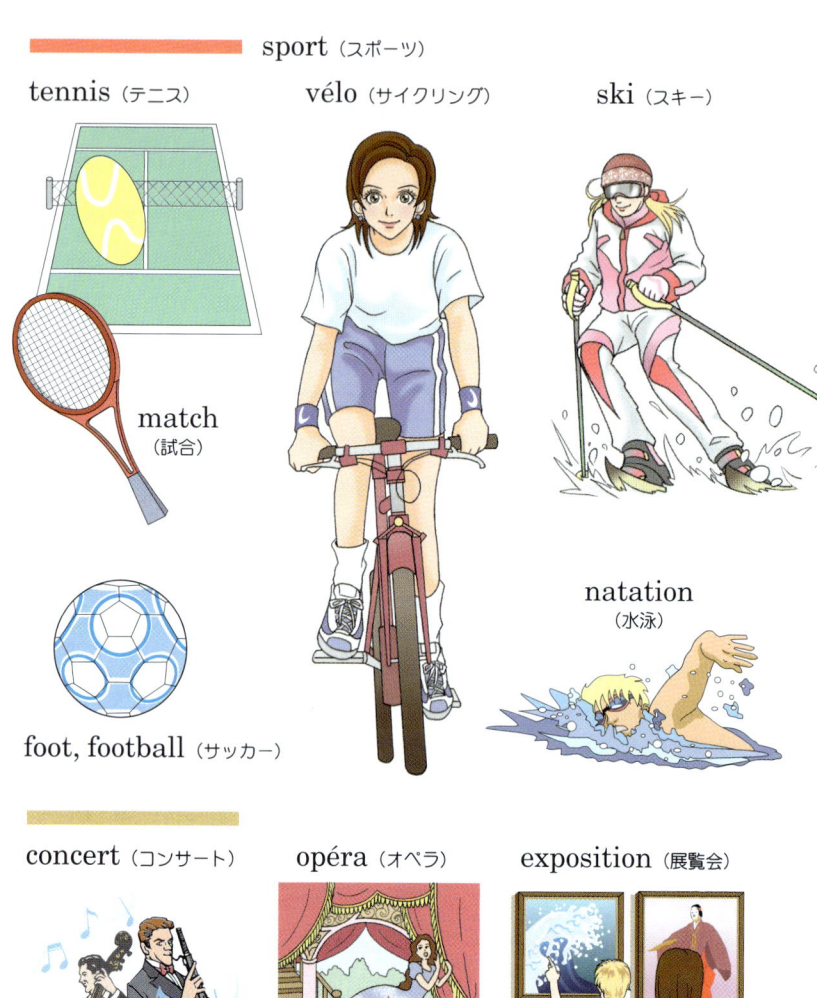

tennis （テニス）

match （試合）

foot, football （サッカー）

vélo （サイクリング）

ski （スキー）

natation （水泳）

concert （コンサート）　opéra （オペラ）　exposition （展覧会）

UNITE 2
例文で覚える1000単語

| **à** | [a ア] | 前 |

① [場所] …で、…に；…へ　　➡ 500

Aujourd'hui Hélène reste **à** la maison.
　今日エレーヌは家にいます。

Au mois de mai, Paul ira **aux** Etats-Unis.
　5月に、ポールはアメリカ合衆国へ行くでしょう。

▶ 前置詞 à と定冠詞は、次のように縮約されます。
　　à + le ➡ au
　　à + les ➡ aux

② [時間] …に　　➡ 500

Rika, tu t'es couchée **à** quelle heure hier soir ?
　リカ、きのうの夜は何時に寝たの？

— **À** minuit.
　— 12時よ。

③ …の入った

Je prends un café **au** lait.
　ぼくはカフェオレ（ミルク入りコーヒー）をたのむよ。

— Moi, une glace **à** la vanille.
　— わたしはバニラアイスクリーム。

④ [間接目的語] …に

Tu as téléphoné **à** Paul ?　　ポールに電話した？

⑤ 《名詞＋à＋不定詞》…すべき

J'ai beaucoup de choses **à** faire demain.
　　ぼくはあしたすることがいっぱいあるんだ。

● あいさつの言葉で ●

À demain !	またあした！
À bientôt !	また近いうちに！
À tout à l'heure !	また後でね！
À la semaine prochaine !	また来週！

● à といっしょに使う動詞 ●

jouer **à** ... （スポーツを）する（jouer de ... は「（楽器を）ひく」）
parler **à** ... （人に）話す（parler de ... は「…について話す」）
penser **à** ...　　…のことを考える
préférer A **à** B　BよりAの方が好きだ

---

accident　　[aksidɑ̃　アクシダン]　　名 男

事故

Ce matin, il y a eu un ***accident*** de voiture.
　　今朝、自動車事故があった。

A

accompagner [akɔ̃paɲe アコンパニェ] 動

いっしょにいく、見送る（人と）

Je vous ***accompagne*** jusqu'à l'aéroport.
　　空港まであなたをお見送りします。

acteur [aktœr アクトゥール] 名 男
actrice [aktris アクトリス] 名 女

俳優、役者

Comment trouvez-vous cette ***actrice*** ?
　　あの女優をどう思いますか？

— Je la trouve excellente.
　　― すばらしいと思います。

addition [adisjɔ̃ アディシオン] 名 女

勘定書（レストラン・カフェの）

L'***addition***, s'il vous plaît.
　　勘定、お願いします。

admirer [admire アドミレ] 動

見とれる、感心する；尊敬する

Paul *admirait* ce tableau.
ポールはその絵に見とれていた。

adorer [adɔre アドレ] 動

大好きだ

Rika *adore* les gâteaux.
リカはケーキが大好きだ。

adresse [adrɛs アドレス] 名女

住所；宛名

C'est ma nouvelle *adresse*.
これがわたしの新しい住所です。

aéroport [aerɔpɔr アエロポール] 名男

空港、エアポート

Ce matin, Paul est arrivé à l'*aéroport* de Narita.
今朝、ポールは成田空港に着きました。

A

affaire [afɛr アフェール] 名 女

① 身の回りのもの、持ち物

Il faut ranger tes ***affaires***.
> 持ち物を片づけなさい。

② 取引、ビジネス

Ce sac est très joli.
Rika, tu as fait une bonne ***affaire***.
> このバッグはとてもきれいだね。
> リカ、いい買い物をしたね。

âgé, e [aʒe アジェ] 形

年上の

Rika est plus ***âgée*** qu'Hélène.
> リカはエレーヌより年上だ。

20

17

agréable [agreabl アグレアブル] 形

楽しい；ここちよい、快適な

Mon voyage en Italie a été très ***agréable***.
> わたしのイタリア旅行はとても楽しかったわ。

aider [ede エデ] 動

手伝う、助ける

Je peux t'*aider* ?

なにか手伝うことある？

alcool [alkɔl アルコール] 名男

アルコール；酒類

Jean n'aime pas l'*alcool*.

ジャンはお酒が好きじゃない。

Allemagne [almaɲ アルマーニュ] 固有女

ドイツ

allemand, e [almɑ̃ アルマン / almɑ̃d アルマンド] 形／名 男女

形 ドイツ(人)の／Allemand,e 名 ドイツ人

◆ allemand 名男 ドイツ語

aller [ale アレ] 動
allé 過分 [ale アレ]

① 行く　　　　　　　　　　　　　　　→ 500

L'année dernière, nous **sommes allés** en Allemagne.

去年、わたしたちはドイツに行きました。

◆ s'en aller　代動　立ち去る

Il faut que je **m'en aille**.

もうおいとましなければなりません。

② 元気である、順調だ　　　　　　　→ 500

③ 似合う

Cette robe te **va** très bien.

そのワンピースは君にとってもよく似合っているよ。

④ [近接未来]《aller + 不定詞》もうすぐ…する、…するところだ；…するつもりだ　→ 500

Rika, prends ton parapluie. Il **va** pleuvoir.

リカ、傘をもっていきなさい。雨が降りそうだよ。

Paul, qu'est-ce que tu **vas** offrir à ton père pour son anniversaire ?

ポール、お父さんの誕生日に何をプレゼントするつもりなの？

aller-retour [alerətur アレ・ルトゥール] 名男

往復切符

Deux *aller-retours* pour Versailles, s'il vous plaît.
ヴェルサイユまで往復2枚お願いします。

aller-simple [alesɛ̃pl アレ・サンプル] 名男

片道切符

allez [ale アレ] 間

さあ

Allez, on va manger !　さあ、食事に行こう。

alors [alɔr アロール] 副

① **それでは**　➡ 500

② **そのとき、当時**

J'avais *alors* dix-huit ans.
そのころぼくは18歳でした。

Alpes

[alp アルプ] 固有 女 複

アルプス山脈

Rika est allée faire du ski dans les **Alpes**.

リカはアルプス山脈にスキーをしに行きました。

américain, e

[amerikɛ̃ アメリカン
amerikɛn アメリケーヌ] 形/名 男女

形 アメリカ(人)の／Américain,e 名 アメリカ人

C'est une étudiante **américaine**.

あの人はアメリカ人の女子学生です。

amitié

[amitje アミティエ] 名 女

友情；(複数形で) 友情のことば〔しるし〕

Mes **amitiés** à votre famille.

ご家族のみなさんによろしくお伝えください。(手紙などで)

amuser

[amyze アミュゼ] 動

面白がらせる、楽しませる

◆ s'amuser 代動 遊ぶ、楽しむ

Rika, tu **t'es** bien **amusée** en vacances ?

リカ、ヴァカンスは楽しかったかい？

ancien, *ne* [ɑ̃sjɛ̃ アンシアン / ɑ̃sjɛn アンシエンヌ] 形 男/女

古くからある；(名詞の前で) もとの、以前の

À Paris, il y a deux Opéras,
l'*ancien* Opéra s'appelle l'Opéra Garnier.

 パリには2つのオペラ座があります。
 もとからあるオペラ座はオペラ・ガルニエといいます。

anglais, *e* [ɑ̃glɛ アングレ / ɑ̃glɛz アングレーズ] 形/名 男/女

形 イギリス(人)の／Anglais, e 名 イギリス人

◆ anglais 名 男 英語

Aujourd'hui, Rika a un cours d'*anglais*.

 今日リカは英語の授業があります。

Angleterre [ɑ̃glətɛr アングルテール] 固有 女

イギリス

animal / animaux 複 [animal アニマル] [animo アニモ] 名 男

動物

Ma fille aime les *animaux*. わたしの娘は動物好きです。

anniversaire [aniverser アニヴェルセール] 名 男

誕生日；記念日

Aujourd'hui, c'est l'***anniversaire*** de Paul.
今日はポールの誕生日です。

annoncer [anɔ̃se アノンセ] 動

知らせる、告げる

Je vous ***annonce*** une grande nouvelle :
Isabelle va nous présenter son fiancé.
きみたちに大ニュースがあるよ。
イザベルがぼくたちに彼女のフィアンセを紹介するんだ。

appareil [aparɛj アパレイユ] 名 男

器具；電話；カメラ（＝appareil-photo）；飛行機

Qui est à l'***appareil*** ?
どちら様ですか？（電話で）

Tu peux me prêter ton ***appareil*** ?
きみのカメラを貸してくれない？

appartement [apartəmɑ̃ アパルトマン] 名 男

アパルトマン、マンション（集合住宅の1世帯分）

Notre ***appartement*** est au sixième étage.
わたしたちの部屋は7階です。

♥ 「ワンルームマンション」は studio。

appeler [ap(ə)le アプレ] 動

呼ぶ；電話する

Appelez-moi un taxi, s'il vous plaît.
タクシーを呼んでください。

Tu m'***appelleras*** ce soir à neuf heures.
今晩9時にわたしに電話してね。

◆ s'appeler　代動　名前は〜だ　➡ 500

Elle ***s'appelle*** comment, cette fille?
あの女の子の名前はなんていうの。

— Elle ***s'appelle*** Rika Sato.
— サトウ・リカだよ。

appétit [apeti アペティ] 名 男

食欲

Bon ***appétit*** !　　たっぷり召し上がれ。

37

A

| **apprendre** | [aprɑ̃dr アプランドル] | 動 |
| **appris** 過分 | [apri アプリ] | |

学ぶ、習う ➡ 500

Claude, où est-ce que vous *avez appris* le français?
　　クロード、あなたはどこでフランス語を勉強したのですか？

| **après** | [aprɛ アプレ] | 前 |

…のあとに [で]；…の次に ➡ 500

Vous tournez à droite *après* le café.
　　カフェの次の通りを右に曲がりなさい。

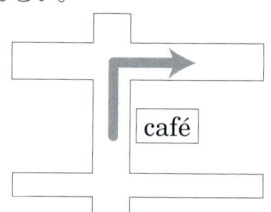

Après vous.
　　どうぞお先に。

| **arrêt** | [arɛ アレ] | 名 男 |

停止；停車、停留所

arrêt d'autobus　　バス停

arrêter [arete アレテ] 動

やめる；止める

J'ai arrêté de fumer.　　わたしはたばこをやめた。

◆ s'arrêter　代動　止まる

Ce train **s'arrête** à Chartres.
　　この列車はシャルトルには止まります。

arrivée [arive アリヴェ] 名女

到着

Tu me diras l'heure de ton **arrivée** à Paris.
　　パリに着く時間をわたしに知らせてね。

arriver [arive アリヴェ] 動

① **到着する、着く**　　➡ 500

Votre train **est arrivé** à Paris à quelle heure ?
　　あなたの列車は何時にパリに着きましたか？

J'arrive !　　今いきます。

② **起こる**

Qu'est-ce qui **est arrivé** ?
　　なにが起こったのですか？

asseoir [aswar アスワール] 動
assis 過分 [asi アシ]

すわらせる

◆ s'asseoir 代動 **すわる**

Monsieur, je peux *m'asseoir* ici ?
すみません、ここにすわっていいですか？

— Bien sûr, *asseyez-vous*, je vous en prie.
— もちろんです、どうぞおかけください。

Claude *s'est assis* près de Rika.
クロードはリカのそばに座った。

assez [ase アセ] 副

十分に；かなり

Jean n'a pas *assez* d'argent pour partir en vacances.
ジャンにはバカンス旅行に出かけるだけのお金がありません。

attendre [atãdr アタンドル] 動
attendu 過分 [atãdy アタンデュ]

待つ → 500

Je t'*ai attendu* pendant une heure.
1時間君を待ったんだよ。

attention

[atɑ̃sjɔ̃ アタンシオン] 名 女

注意 ➡ 500

◆ faire attention à ...　…に注意する、気をつける

Faites attention aux voitures.

車に気をつけなさいね。

aucun, e

[okœ̃ オカン]
[okyn オキュヌ]　不形 男/女

どのような …もない

Rika n'a *aucune* chance de réussir à ses examens.

リカは試験に受かるチャンスがまったくない。

aussi

[osi オシ]　副

① …と同じくらい…だ ➡ 500

② …もまた、同様に

J'aime beaucoup le tennis.

僕はテニスが大好きだ。

— Moi *aussi*.

— わたしもです。

autant

[otɑ̃ オタン] 副

同じだけ

Je travaille ***autant*** que toi.

わたしはあなたと同じくらい勉強しているよ。

autobus

[ɔtɔbys オトビュス] 名男

市内バス

Cet ***autobus*** va à Montparnasse ?

このバスはモンパルナスに行きますか？

autoroute

[otorut オトルート] 名女

高速道路

Nous sommes allés à Lyon par l'***autoroute***.

わたしたちは高速道路をつかってリヨンに行った。

autour [otur オトゥール] 副

まわりに

◆ autour de ... …のまわりを

Rika veut faire un voyage *autour du* monde.

リカは世界一周旅行をしたがっている。

autre [otr オートル] 形

別の、またいつかの

Tu viendras chez nous une *autre* fois.

また今度うちに来てね。

avance [avɑ̃s アヴァンス] 名女

◆ en avance　より早く（⇔ en retard）

Jean est arrivé une heure *en avance*.

ジャンは約束より1時間早く着いた。

avec [avɛk アヴェック] 前

① …と、…といっしょに；…をつれて　　→ 500

Rika, tu vas au cinéma ***avec*** qui ?
リカ、誰といっしょに映画に行くの？

Voilà un kilo de tomates, Madame. Et ***avec*** ça ?
奥さん、トマト１キロです。そのほかには何をさしあげましょう？

② …に対して

Hélène est gentille ***avec*** tout le monde.
エレーヌは誰にでも親切です。

③ …のついた；…をつかって

Bonsoir, Monsieur, vous avez une chambre ***avec*** salle de bains ?
こんばんは、バスルームつきの部屋はありますか？（ホテルのフロントで）

On peut écrire ***avec*** un crayon ?
鉛筆で書いていいですか？

④ …ならば、…なのに

Avec ce temps, Jean est quand même sorti.
こんな天気なのに、ジャンは出かけたのよ。

avis [avi アヴィ] 名 男

意見、考え

Tu as changé d'***avis*** ?
きみは考えを変えたの？

avoir [avwar アヴォワール] 動
eu 過分 [y ユ]

持つ、持っている ➡ 500

Bonjour, Madame, vous ***avez*** des œufs ?
こんにちは、卵ありますか？

Tu ***as*** quel âge ?
年はいくつなの？

— Je viens d'***avoir*** vingt ans.
— 20歳になったばかりよ。

— Ah, nous ***avons*** le même âge.
— ああ、ぼくたちは同い年だ。

Tout à l'heure, il y ***a eu*** un accident près de chez moi.
さっき家のそばで事故があったんだ。

次ページも要チェック☞ 45

A

● avoir を用いた表現 ➡ 500 ●

avoir raison　（考えが）正しい　avoir tort　まちがっている
avoir sommeil　眠い
avoir besoin de ...　…が必要だ
avoir envie de...　…がほしい；…したい
avoir l'intention de ＋不定詞　…するつもりだ
avoir l'occasion de ＋不定詞　…する機会をもつ

baguette [baɡɛt バゲット] 名 女

バゲット（1本300グラムのフランスパン）

Monsieur, une ***baguette***, s'il vous plaît.
すみません、バゲット1本ください。

baigner [beɲe ベニェ] 動

◆ se baigner　代動　泳ぐ、水遊びする；入浴する

Une fois par semaine, Rika va ***se baigner*** à la piscine.
週に1回、リカはプールに泳ぎに行きます。

bain [bɛ̃ バン] 名 男

入浴、風呂

Paul prend son ***bain***.
ポールは風呂に入ります。

salle de bains　浴室、バスルーム

balcon [balkɔ̃ バルコン] 名 男

ベランダ、バルコニー

Jean, de ta chambre, on peut aller sur le ***balcon*** ?
ジャン、あなたの部屋から、ベランダに出られるの？

banque [bɑ̃k バンク] 名 女

銀行

Isabelle travaille dans une ***banque***.
イザベルは銀行で働いています。

barbe [barb バルブ] 名 女

あごひげ

Ce photographe porte la ***barbe***.
そのカメラマンはあごひげをはやしています。

♥ 「口ひげ」は moustache。

bas [bɑ バ] 男 形
basse [bɑs バス] 女

低い、安い

Jean a vendu sa voiture à ***bas*** prix.
ジャンは車を安値で売った。

◆ bas 副 低く

Paul a chanté très ***bas***.
ポールはとても低い声で歌った。

bateau [bato バトー] 名男
bateaux 複

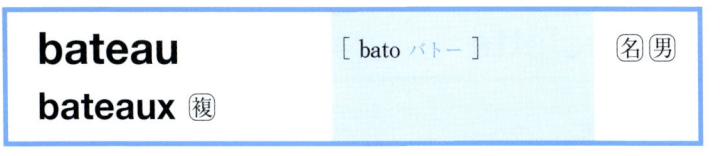

船

besoin [bəzwɑ̃ ブゾワン] 名男

◆ avoir besoin de ...　…が必要だ

J'*ai besoin de* ce livre.
　　わたしはその本が必要です。

beurre [bœr ブール] 名男

バター

Il n'y a plus de *beurre*.
　　もうバターがないよ。

bibliothèque [biblijɔtɛk ビブリオテック] 名女

図書館

Demain, je vais travailler à la *bibliothèque*.
　　あした、わたしは図書館に勉強しに行くの。

bicyclette [bisiklɛt ビシクレット] 名女

自転車

Hélène va au lycée à ***bicyclette***.
エレーヌは自転車でリセに行きます。

♥話し言葉では、自転車を un vélo といいます。

bière [bjɛr ビエール] 名女

ビール

Moi, je prends de la ***bière*** : j'ai très soif.
ぼくはビールを飲むよ、とてものどが渇いているんだ。

blesser [blese ブレセ] 動

傷つける

◆ se blesser 代動 けがをする

Jean ***s'est blessé*** en tombant.
ジャンは転んでけがをしました。

blond, e [blɔ̃ ブロン]
[blɔ̃d ブロンド] 形

金髪の

Hélène a les cheveux ***blonds***.　エレーヌは金髪です。

boire
[bwar ボワール] 動
bu 過分
[by ビュ]

飲む

Hier soir, Rika **a** trop **bu**.
　　昨日の夜、リカは飲みすぎた。

bois
[bwɑ ボワ] 名 男

林、森；木材

C'est agréable de se promener dans les **bois**.
　　林のなかを散歩するのは気持ちがいい。

♥ bois は forêt よりも規模が小さい。

Notre maison de campagne est en **bois**.
　　わたしたちの別荘は木造です。

boisson
[bwasɔ̃ ボワソン] 名 女

飲み物、飲料

Qu'est-ce que vous prenez comme **boisson** ?
　　お飲物はなにになさいますか？

boîte

[bwat ボワット]   名 女

箱、缶

Rika a mangé une ***boîte*** de chocolats.

リカはチョコレートを1箱食べました。

bon
bonne

[bɔ̃ ボン]   男
[bɔn ボンヌ]   形 女

よい、すぐれた；おいしい   → 500

La natation est ***bonne*** pour la santé.

水泳は健康にいい。

● bon, bonne を用いた表現 ●

Bonne annnée ! 新年おめでとう！　　Bon anniversaire ! 誕生日おめでとう！
Bonne chance ! 幸運を祈ります！　　Bon courage ! がんばって！
Bonne journée ! いい1日を！　　　　Bonne nuit ! お休みなさい！
Bonne soirée ! 楽しい夜を！　　　　Bonnes vacances ! 楽しい休暇を！
Bon voyage ! いい旅を！

bord

[bɔr ボール]   名 男

◆ au bord de ...   …の岸で、ほとりで

Ils passent leurs vacances ***au bord de*** la mer.

彼らは海岸でヴァカンスを過ごしています。

bouche [buʃ ブッシュ] 名女

☐

Ne parle pas la ***bouche*** pleine !

口にものをほおばってしゃべってはいけません。

boucher [buʃe ブシェ] 名男

肉屋さん（人）

boucherie [buʃri ブシュリ] 名女

精肉店

Rika va à la ***boucherie***.

リカは肉屋に行きます。

♥ 豚肉や、ハム・ソーセージなどを売る店は charcuterie。

bouger [buʒe ブジェ] 動

動く

Ne ***bougez*** pas : je vous prends en photo.

動かないで、きみたちの写真をとるから。

boulanger / boulangère

[bulɑ̃ʒe ブランジェ] 男名
[bulɑ̃ʒɛr ブランジェール] 女

パン屋さん（人）

Rika, va acheter deux baguettes chez le ***boulanger***.
リカ、パン屋さんでバゲットを2本買ってきてよ。

boulangerie

[bulɑ̃ʒri ブランジュリ] 名女

パン屋（店）

boulevard

[bulvar ブルヴァール] 名男

大通り（並木がある）

Boulevard Saint-Germain
サン＝ジェルマン大通り

bras

[brɑ ブラ] 名男

腕

Paul marchait avec un livre sous le ***bras***.
ポールは本を小わきにかかえて歩いていました。

briller   [brije ブリエ]   動

輝く

Le ciel était bleu et le soleil ***brillait***.
空は青く、太陽が輝いていました。

brun, e   [brœ̃ ブラン] [bryn ブリュヌ]   形 男/女

褐色の

Isabelle a les cheveux ***bruns***.
イザベルの髪はブルネットです。

bureau   [byro ビュロー]   名 男
bureaux 複

事務所、オフィス、会社

Mon père va au ***bureau*** en voiture.
わたしの父は車で会社に行きます。

bureau de poste   郵便局

C

ça [sa サ] 指代

これ、それ、あれ → 500

Alors, rendez-vous à 7 heures, **ça** te convient ?
それじゃ、7時に待ち合わせね。それでいい？

Ça fait trois mois que Rika habite à Paris.
リカがパリに住むようになって3ヶ月になります。

◆ tant que ça　そんなに

cacher [kaʃe カシェ] 動

隠す

Jean **a caché** la boîte de bonbons derrière des livres.
ジャンはキャンディーの箱を本のうしろに隠しました。

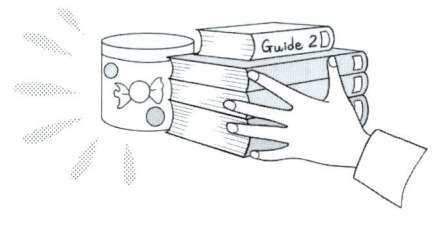

◆ se cacher　代動　**隠れる**

Virginie **s'est cachée** derrière la porte.
ヴィルジニーはドアのうしろに隠れました。

cadeau
cadeaux 複

[kado カドー] 名 男

プレゼント、贈り物

Rika a offert un *cadeau* à Paul pour son anniversaire.

リカはポールに誕生日のプレゼントをしました。

camarade

[kamarad カマラッド] 名

同級生；仲間

Soyez gentils avec votre nouveau *camarade*.

みなさんの新しい同級生に親切にしてあげなさい。

camion

[kamjɔ̃ カミヨン] 名 男

トラック

canadien, *ne*

[kanadjɛ̃ カナディアン]
[kanadjɛn カナディエンヌ] 形／名 男女

形 カナダ(人)の／Canadien,*ne* 名 カナダ人

C

car　　　[kar カール]　　　接

なぜならば、というのも

Il faut faire des courses, ***car*** Rika viendra ce soir.
買い物をしなくちゃ、今夜リカが来るんだから。

carafe　　　[karaf カラフ]　　　名 女

（水・ワインを入れる）水差し、カラフ

Une ***carafe*** de vin rouge, c'est combien ?
カラフ入りの赤ワインは、いくらですか。

carotte　　　[karɔt カロット]　　　名 女

ニンジン

carrefour　　　[karfur カルフール]　　　名 男

交差点、十字路

Au premier ***carrefour***, vous tournez à droite.
最初の交差点で右に曲がりなさい。

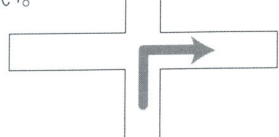

carte [kart カルト] 名 女

証明書、カード；(レストランの)メニュー；絵はがき(carte postale)；(複数形で)トランプ

Rika, tu as ta *carte* d'étudiant ?
　リカ、学生証をもってるかい？

▼学生証があると、映画館や美術館では割引があります。

Une *carte* postale, c'est combien ?
　絵はがき一枚はいくらですか？

cas [kɑ カ] 名 男

場合、ケース

- dans ce cas-là　その場合
- en tout cas　いずれにせよ、とにかく

casser [kɑse カセ] 動

割る、こわす、折る

En faisant la cuisine, Rika *a cassé* un verre.
　料理をしているとき、リカはコップを割った。

- se casser　代動　自分の…を折る

Jean *s'est cassé* la jambe au ski.
　ジャンはスキーで脚を折りました。

cause [kɔz コーズ] 名女

理由、原因

◆ à cause de ...　～のせいで、～のために

Jean n'a pas pu venir ***à cause de*** la pluie.

雨のせいでジャンは来られなかった。

ce (c') [sə ス] 指代

これ、それ、あれ

◆ c'est, ce sont　～です

ceci [səsi スシ] 指代

これ

Je n'aime pas ***ceci***, j'aime cela.

これは好きじゃないわ、あちらが好きだわ。

cela [s(ə)la スラ] 指代

それ、あれ

celui, celle
ceux, celles

[səlɥi , sɛl スリュイ、セル]
[sø , sɛl ス、セル]

指代

	男性	女性
単数	celui	celle
複数	ceux	celles

(「人」も「もの」も受けることができます)

① …のそれ

Le père de Paul et ***celui*** d'Hélène sont très amis.
　　ポールのお父さんとエレーヌのお父さんはとても仲がいい。

Isabelle, c'est ta voiture ?
　　イザベル、これはあなたの車なの？

— Non, c'est ***celle*** de ma mère.
　　―いいえ、これはわたしの母のよ。

② （＋関係代名詞）…する人［もの］

Celui qui porte des lunettes, c'est mon oncle.
　　めがねをかけている男性が、わたしのおじよ。

Rika, regarde. Voilà deux maisons.
Celle qui a un toit rouge, c'est la maison de Jean.
　　リカ、見て。あそこに2軒の家があるね。
　　赤い屋根の家が、ジャンの家だよ。

次ページも要チェック☞

♥ ふたつの同じものがあるとき、近い方には -ci を、遠い方には -là をつけます。

De ces deux vins, ***celui-ci*** est meilleur que ***celui-là***.

この2種類のワインでは、こちらの方があちらのよりもおいしい。

Je prends ***celle-ci***.

こちらをいただきます。（ワンピースなど女性名詞のものを選んで）

centre [sɑ̃tr サントル] 名 男

中心；中心街；センター

La banque où Isabelle travaille se trouve au ***centre*** de la ville.

イザベルが働いている銀行は街の中心にあります。

cerise [s(ə)riz スリーズ] 名 女

サクランボ

cerisier [s(ə)rizje スリジィエ] 名 男

サクランボの木

certain, e   [sɛrtɛ̃ セルタン] [sɛrtɛn セルテーヌ]   形 男女

① **確かな**

Demain, il neigera. C'est ***certain***.
　明日は雪になるだろう。それは確かだ。

② **ある…**

Ils passent leurs vacances dans un ***certain*** village en Provence.
　彼らはプロヴァンス地方のある村でバカンスを過ごしています。

c'est-à-dire   [sɛtadir セタディール]   接句

すなわち

On se reverra dans quinze jours, ***c'est-à-dire*** le 5 octobre.
　2週間後にまたあいましょう、
　つまり10月5日ね。

champ   [ʃɑ̃ シャン]   名 男

畑；田園、野原

Paul aime se promener dans les ***champs***.
　ポールは田園を散歩するのが好きだ。

changer [ʃɑ̃ʒe シャンジェ] 動

変える；変わる

C'est toi, Rika ? Cette robe te *change* complètement !
きみはリカかい？そのドレスですっかり見ちがえてしまったよ。

Le temps va *changer*.
天気が変わりそうだ。

◆ changer de + 無冠詞名詞　…を変える；(列車などを)乗り換える

Jean veut *changer* de voiture.
ジャンは車をかえたがっている。

chanson [ʃɑ̃sɔ̃ シャンソン] 名女

歌

Qu'est-ce que tu penses de la nouvelle *chanson* de Paul ?
ポールの新曲どう思う？

chanteur [ʃɑ̃tœr シャントゥール] 男名
chanteuse [ʃɑ̃tøz シャントゥーズ] 女

歌手、シンガー

Paul est un bon *chanteur*.
ポールはいい歌手だ。

chapeau [ʃapo シャポー] 名 男
chapeaux 複

帽子

Mets ton ***chapeau*** : il y a beaucoup de soleil.
　帽子をかぶりなさい。日差しが強いよ。

chaque [ʃak シャック] 形

各…、それぞれの；毎…、…ごとに

Chaque samedi, Rika et Hélène vont faire des courses ensemble.
　毎週土曜日、リカとエレーヌはいっしょに買い物に行きます。

charcuterie [ʃarkytri シャルキュトリ] 名 女

豚肉販売店（豚肉や、ハム・ソーセージなどを売る店）

♥ 牛肉・羊肉を売る店は boucherie

chat [ʃa シャ] 名 男

ネコ

Le ***chat*** d'Hélène est très mignon.
　エレーヌのネコってとってもかわいいのよ。

château [ʃato シャトー] 名男
châteaux 複

館、宮殿；城

Dimanche dernier, nous sommes allés visiter le *château* de Versailles.
> 先週の日曜日、わたしたちはヴェルサイユ宮殿を見学に行きました。

chaussures [ʃosyr ショシュール] 名女複

靴

Rika vient de mettre ses *chaussures*.
> リカは靴をはいたところです。

chef [ʃɛf シェフ] 名男

長、リーダー、チーフ

chemin [ʃ(ə)mɛ̃ シュマン] 名男

道

Est-ce que tu peux m'indiquer le plus court *chemin* pour aller chez toi ?
> きみの家に行くいちばんの近道を教えてくれない？

chemise

[ʃ(ə)miz シュミーズ]　名 女

(男性用の) シャツ、ワイシャツ

Paul, elle est jolie, ta *chemise* !
ポール、あなたのシャツ、すてきね！

cher
chère

[ʃɛr シェール]　男 形 女

① (値段が) 高い、高価な　　　　　　　　　➡ 500

② 親愛な (手紙の書き出しや、呼びかけでよく用います)

Cher Paul / *Chère* Hélène
親愛なるポール／親愛なるエレーヌ

chercher

[ʃɛrʃe シェルシェ]　動

探す　　　　　　　　　　　　　　　　　➡ 500

◆ aller chercher ...　　(人を)迎えにゆく；(物を)取りにゆく

Demain, je *vais chercher* Claude à l'aéroport.
あした、わたしはクロードを空港に迎えにゆきます。

C

cheval [ʃ(ə)val シュヴァル] 名 男
chevaux 複 [ʃ(ə)vo シュヴォ]

ウマ

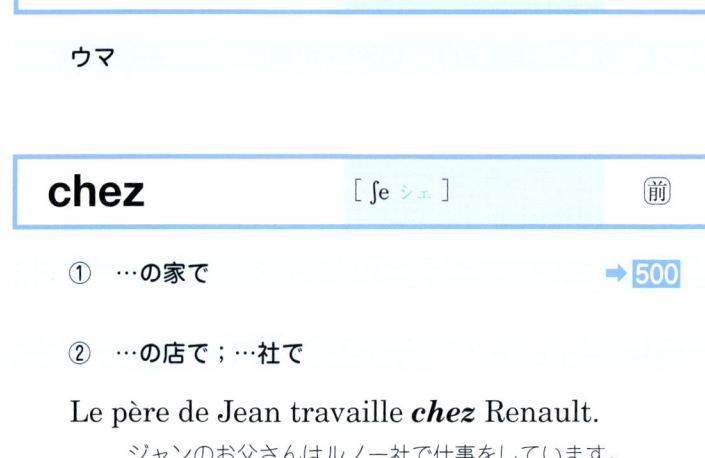

chez [ʃe シェ] 前

① …の家で　　　　　　　　　　　　　　　　→ 500

② …の店で；…社で

Le père de Jean travaille *chez* Renault.
　　ジャンのお父さんはルノー社で仕事をしています。

chien [ʃjɛ̃ シアン] 名 男

イヌ

Claude aime beaucoup les *chiens*.
　　クロードはイヌが大好きです。

《 CHIEN MÉCHANT 》「猛犬注意」(掲示で)

Chine

[ʃin シーヌ] 固有 女

中国

Cet automne, Monsieur Dumont ira en *Chine*.
今年の秋、デュモン氏は中国に行くでしょう。

chinois, e

[ʃinwa シノワ]
[ʃinwaz シノワーズ] 形/名 男女

形 中国(人)の／Chinois,e 名 中国人

◆ chinois 名 男 中国語

chocolat

[ʃɔkɔla ショコラ] 名 男

チョコレート；ココア

Qu'est-ce que vous buvez : du café, du thé ou du *chocolat* ?
なにを飲みますか、コーヒーか、紅茶か、それともココアですか。

chose

[ʃoz ショーズ] 名 女

もの、こと

Aujourd'hui, Paul a beaucoup de *choses* à faire.
今日、ポールはしなければならないことがたくさんある。

citron [sitrɔ̃ シトロン] 名男

レモン

thé au citron　レモンティー

clair, e [klɛr クレール] 形

明るい（⇔ sombre　暗い）

Ah ! Votre cuisine est très *claire* !
　あら、おたくのキッチンはとても明るいですね。

clé / clef [kle クレ] 名女

鍵

Voilà votre *clé*.
　こちらが鍵になります。（ホテルで）

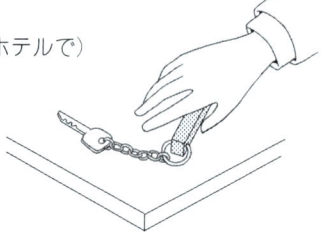

cœur [kœr クール] 名男

心臓；心、胸

coin
[kwɛ̃ コワン]　名 男

角、隅、コーナー

J'ai rencontré Jean au ***coin*** de la rue.
> わたしは街角でジャンとであった。

collègue
[kɔ(l)lɛg コレーグ]　名

同僚

Tous les midis, Isabelle déjeune avec ses ***collègues***.
> イザベルは、昼はいつも同僚と昼食を食べます。

commander
[kɔmɑ̃de コマンデ]　動

注文する

Vous ***avez commandé*** ?
> 注文はおすみですか？（レストランなどで）

comme [kɔm コム] 接

① …するとき、…なので

Comme Paul ne vient pas, je m'en vais.

ポールがこないから、わたし行くわ。

Comme il fait chaud !

なんて暑いのでしょう。(感嘆文)

② …として

Qu'est-ce que vous prenez ***comme*** plat ?

メインディッシュは何になさいますか？

Isabelle travaille ***comme*** secrétaire.

イザベルは秘書の仕事をしています。

③ …のように　　　　　　　　　　➡ 500

Coupez ***comme*** ça.

こんなふうに切ってください。

◆ comme si　あたかも…のように

commencer [kɔmɑ̃se コマンセ] 動

始める；始まる ➡ 500

Le concert ***a commencé*** à huit heures.
コンサートは8時に始まった。

◆ commencer à + 不定詞　…し始める

Paul ***a commencé*** à chanter.
ポールは歌い始めた。

comment [kɔmɑ̃ コマン] 疑副

どのように ➡ 500

Comment trouvez-vous cette chanson ?
この歌をどう思いますか？

On va ***comment*** à l'Olympia ?
オランピア劇場にはどう行けばいいの？

compliment [kɔ̃plimɑ̃ コンプリマン] 名 男

ほめことば、おせじ

Le professeur a fait des ***compliments*** à Jean.
先生はジャンのことをほめた。

comprendre [kɔ̃prɑ̃dr コンプランドル] 動
compris 過分 [kɔ̃pri コンプリ]

① **理解する、わかる** → 500

Vous *avez compris* mes explications ?
わたしの説明はわかりましたか？

② **含む**

Leur appartement *comprend* trois pièces, une cuisine et une salle de bains.
彼らのマンションは、3部屋とキッチンと浴室がある。

compter [kɔ̃te コンテ] 動

数える

Claude, tu peux *compter* jusqu'à cent en français ?
クロード、フランス語で100まで数えられる？

concert [kɔ̃sɛr コンセール] 名男

コンサート

Ce soir, nous allons au *concert* de Paul.
今晩、わたしたちはポールのコンサートに行きます。

conduire
[kɔ̃dɥir コンデュイール] 動
conduit 過分
[kɔ̃dɥi コンデュイ]

運転する

Je n'*ai* pas *conduit* depuis un an.
わたしは一年前から運転していない。

confiture
[kɔ̃fityr コンフィテュール] 名女

ジャム

Tu veux mettre de la *confiture* sur ton pain ?
パンにジャムを塗る？

congé
[kɔ̃ʒe コンジェ] 名男

休暇、休み

Isabelle a pris trois semaines de *congé*.
イザベルは3週間の休暇を取りました。

connaître
[kɔnɛtr コネートル] 動
connu 過分
[kɔny コニュ]

（人・場所などを）知っている、知りあう　➡ 500

Je l'*ai connu* à Paris.
わたしは彼とパリで知りあいました。

conseiller [kɔ̃seje コンセイエ] 動

勧める

Avec ce plat, je vous ***conseille*** du vin rouge.
　この料理には、赤ワインを勧めます。

continuer [kɔ̃tinɥe コンティニュエ] 動

続く、継続する

Vous ***continuez*** tout droit jusqu'au premier carrefour.
　最初の交差点までまっすぐ行ってください。

◆ continuer à + 不定詞　…し続ける

Ils ***ont continué*** à parler au téléphone pendant trois heures.
　彼らは電話で3時間話し続けた。

contraire [kɔ̃trɛr コントレール] 名男/形

逆；逆の

◆ au contraire　逆に、それどころか

Je te dérange ?
　迷惑かい？
— ***Au contraire***, ça me fait plaisir.
　— それどころか、とってもうれしいわ。

contre [kɔ̃tr コントル] 前

…に反対して（⇔ pour ...　…に賛成して）

Je suis *contre* cette idée.

　　わたしはその考えに反対だ。

convenir [kɔ̃vnir コンヴニール] 動
convenu 過分 [kɔ̃vny コンヴニュ]

（人に）都合がいい

Rendez-vous demain à neuf heures, ça te *convient* ?

　　あした9時に待ち合わせということで、いいかい？

◆ il est convenu que ...　…と決められている

coucher [kuʃe クシェ] 動

寝かせる

◆ se coucher 代動 寝る（⇔ se lever 起きる）

Tu as sommeil ?
Tu t'*es couchée* hier soir à quelle heure ?

　　眠いの？　きのうの夜は何時に寝たの？

coup [ku クー] 名男

1回の行為、一撃

Donnez-moi un ***coup*** de téléphone ce soir.
　今晩わたしに電話をください。

◆ tout à coup　とつぜん

couper [kupe クペ] 動

切る

Rika, tu veux bien ***couper*** le pain ?
　リカ、パンを切ってくれないか？

◆ se couper　代動　自分の…を切る

Rika ***s'est coupé*** le doigt.
　リカは指を切りました。

cour [kur クール] 名女

中庭；校庭

Les enfants jouent dans la ***cour***.
　子供たちが中庭で遊んでいます。

courage　　　[kuraʒ　クラージュ]　　名男

勇気、気力

Il faut du ***courage*** pour faire ce travail.
　　この仕事をするには勇気がいる。

Courage !　　がんばれ！

courir　　　[kurir　クリール]　　動
couru 過分　　[kury　クーリュ]

走る

Claude ***court*** vite.
　　クロードは走るのが速い。

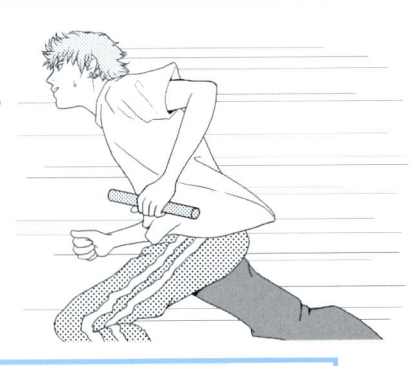

courrier　　　[kurje　クリエ]　　名男

郵便物

Le facteur a apporté le ***courrier***.
　　郵便配達員が郵便物をもってきてくれた。

cours

[kur クール] 名 男

授業；講座

Cet après-midi, Rika a un ***cours*** de français.
今日の午後、リカはフランス語の授業があります。

cours d'été　夏期講座

cousin, e

[kuzɛ̃ クザン]
[kuzin クジーヌ]　名 男/女

いとこ

Jean, tu as combien de ***cousins*** ?
ジャン、いとこは何人いるの？

Ma ***cousine*** Nathalie travaille en Angleterre.
わたしのいとこのナタリーはイギリスで働いています。

couverture

[kuvɛrtyr クヴェルテュール]　名 女

毛布

Rika a mis un drap et une ***couverture*** sur son lit.
リカはベッドにシーツと毛布を敷きました。

cravate [kravat クラヴァット] 名女

ネクタイ

Paul porte une ***cravate*** pour aller à la fête.
ポールはパーティーに行くためにネクタイをしています。

crayon [krɛjɔ̃ クレイヨン] 名男

鉛筆

Rika, tu as un ***crayon*** ? Je n'ai rien pour écrire.
リカ、鉛筆もってる？書くものがなにもないんだ。

croire [krwar クロワール] 動
cru 過分 [kry クリュ]

信じる；思う

Je ***crois*** qu'elle préfère le rouge.
わたしは彼女が赤の方を好むと思うよ。

Claude ***a cru*** que Paul aimait Rika.
ポールはリカが好きなんだと、クロードは思った。

Tu ***crois*** ?
そうかなあ？／ほんとうなの？

croissant [krwasɑ̃ クロワッサン] 名 男

クロワッサン

Au petit déjeuner, Rika a mangé deux **croissants**.
朝食に、リカはクロワッサンを２つ食べました。

cuire [kɥir キュイール] 動
cuit 過分 [kɥi キュイ]

（食物を）焼く、煮る、いためる

Cette viande est trop **cuite**.　　この肉は焼きすぎだ。

◆ faire cuire　　［人が主語で］**焼く**

Paul **fait cuire** de la viande.　　ポールは肉を焼いています。

curieux [kyrjø キュリユー] 男 形
curieuse [kyrjøz キュリユーズ] 女

好奇心の強い；奇妙な、不思議な

Elle est très **curieuse**.
彼女はとても好奇心が強い。

Ah, Rika, c'est **curieux**！ Tu ne prends pas de dessert !
おや、リカ、不思議だな。君がデザートをとらないなんて。

d'abord [dabɔr ダボール] 副句

まず、最初に

D'abord, qu'est-ce qu'on fait ?
まず、なにをしようか？

dame [dam ダーム] 名 女

婦人、女性（femme の丁寧語）

Qui est cette vieille ***dame*** ?
あの老婦人はどなたなの？

— C'est la grand-mère de Jean.
—ジャンのおばあさんだよ。

dangereux [dɑ̃ʒrø ダンジュルー] 男 形
dangereuse [dɑ̃ʒrøz ダンジュルーズ] 女

危険な

Cette route est très ***dangereuse*** :
il y a déjà eu beaucoup d'accidents.
あの道路はとても危険だ。
多くの事故が起こっている。

D

dans [dã ダン] 前

① ［場所］…のなかに、…に、…で → 500

Rika et Paul sont entrés *dans* un café.
リカとポールはカフェに入りました。

② ［時間］…後に → 500

Le concert commence *dans* dix minutes.
コンサートは10分後に始まります。

③ ［時間］…のあいだに → 500

Vous viendrez chez moi *dans* la matinée.
午前中にわたしの家にいらしてください。

date [dat ダット] 名 女

日付、年月日

Quelle *date* sommes-nous aujourd'hui ?
今日は何日ですか？

Quelle est votre *date* de naissance ?
あなたの生年月日はいつですか？

MAI
L M M J V S D
1 2 3 4 5 6 7
8 9 10 11 12 13 14
15 16 17 18 19 20 21
22 23 24 25 26 27 28
29 30 31

de (d') [də ドゥ] 前

① …の ➡ 500

Hélène est la cousine *de* Paul.
エレーヌはポールのいとこです。

② …から ➡ 500

D'où vient-elle, Rika ?
リカはどこから来てるの？

— Elle vient *du* Japon.
—日本からだよ。

♥ de + 母音または h ➡ d'
　de + le ➡ du
　de + les ➡ des

◆ de ... à ...　…から…まで

Ce musée est ouvert *de* 9h00 *à* 16h30.
その美術館は9時から16時30分まであいています。

③ …について

Paul, qu'est-ce que tu penses *de* cette robe ?
ポール、このワンピースどう思う？

④ ［非人称構文の事実上の主語］

Il est agréable *de* se promener tôt le matin.
朝早く散歩するのは気持ちがいい。

⑤ ［形容詞・副詞とともに］

Je suis très content *de* vous voir.

あなたにお目にかかれてとてもうれしく思います。

⑥ ［最上級とともに］…のなかで

Paul est le plus grand *de* son groupe.

ポールはグループのなかでいちばん背が高い。

décider [deside デシデ] 動

決める；決心させる

Jean *a décidé* de vendre sa voiture.

ジャンは車を売ろうと決めました。

◆ se décider à ... 代動 …の決心をする

Rika *s'est décidée à* voyager seule en Italie.

リカはひとりでイタリア旅行する決心をしました。

dedans

[dədɑ̃ ドゥダン] 副/名男

① 副 中に〔で〕、屋内で：② 名男 内部

Cette boîte est très lourde.
Qu'est-ce qu'il y a **dedans** ?

この箱は重いね。中にはなにが入ってるの？

◆ en dedans de ... …の中に〔で〕

dehors

[dəɔr ドゥオール] 副/名男

① 副 外に〔で〕、屋外で：② 名男 外、外側

Rika, je t'attends **dehors** !

リカ、外で待ってるよ。

◆ en dehors de ... …の外に〔で〕

Ils habitent **en dehors de** la ville.

彼らは市外にすんでいます。

déjà

[deʒa デジャ] 副

① もう、すでに → 500

② 前に、以前に

Paul, tu as **déjà** été en Allemagne ?

ポール、ドイツに行ったことある？

délicieux / délicieuse

[delisjø デリシュー] 男形
[delisjøz デリシューズ] 女

おいしい

Ah ! c'est vraiment ***délicieux***, ce gâteau !
あら、ほんとにおいしいわ、このケーキ！

demander

[d(ə)mãde ドゥマンデ] 動

たずねる、聞く；求める、頼む

Paul, qu'est-ce que Jean t'***a demandé*** ?
ポール、ジャンはあなたになにを聞いたの？

— Il m'***a demandé*** le numéro de téléphone de Rika.
— リカの電話番号を聞いたんだよ。

Rika, on te ***demande*** au téléphone !
リカ、あなたに電話よ！

Rika ***a demandé*** à Claude de faire des courses.
リカはクロードに買い物を頼みました。

◆ se demander 代動 自問する；…だろうかと思う

Je ***me demande*** si cette cravate va à Paul.
このネクタイ、ポールににあうかしら。

demeurer [d(ə)mœre ドムレ] 動

住む、滞在する

Ma sœur *demeure* à Lyon.
わたしの姉はリヨンに住んでいます。

demi-heure [d(ə)mijœr ドゥミユール] 名 女

半時間、30分

Paul a attendu Rika pendant une *demi-heure*.
ポールはリカを30分待ちました。

dent [dã ダン] 名 女

歯

J'ai mal aux *dents*.
わたし、歯が痛いの。

départ [depar デパール] 名 男

出発

Le *départ* de l'avion est retardé.
飛行機の出発が遅れています。

dépêcher [depeʃe デペシェ] 動

◆ se dépêcher 代動 急ぐ

Rika, ***dépêche-toi***, le train va partir !

リカ、急いで、列車がもうすぐ出るよ。

depuis [dəpɥi ドピュイ] 前

…以来、…から　　　　　　　　　　　　　➡ 500

Rika est en France ***depuis*** six mois.

リカは6ヶ月前からフランスにいます。

◆ depuis longtemps　ずっと前から

Je ne l'ai pas vu ***depuis longtemps***.

わたしはずいぶん前から彼にあっていません。

◆ depuis quand　いつから

Jean, tu apprends le japonais ***depuis quand*** ?

ジャン、あなたはいつから日本語を勉強しているの？

◆ depuis que ...　…して以来、…してから

Depuis que je suis arrivée à Paris, j'habite rue d'Alésia.

わたしはパリに着いてから、アレジア通りに住んでいます。

déranger [derɑ̃ʒe デランジェ] 動

じゃまをする

Je ne vous *dérange* pas ?
おじゃまじゃないですか？

dernier [dɛrnje デルニエ] 男形
dernière [dɛrnjɛr デルニエール] 女

① 最後の → 500

② この前の；最新の

Dimanche *dernier*, je suis allé à Versailles.
この前の日曜日、わたしはヴェルサイユに行きました。

C'est le *dernier* disque de Paul.
これはポールの最新盤です。

la semaine dernière　先週　　le mois dernier　先月
l'année dernière　去年

descendre
[desɑ̃dr デサンドル]　動

descendu 過分
[desɑ̃dy デサンデュ]

降りる；(階段・坂道などを) 降りる → 500

Rika ***est descendue*** de l'autobus.
リカはバスから降りました。

J'ai vu Jean qui ***descendait*** l'escalier.
わたしは階段を降りてくるジャンを見ました。

désirer
[dezire デジレ]　動

望む、ほしがる

Vous ***désirez*** ?
何にいたしましょうか？
［目的語なしで］(店員が)

désolé, e
[dezɔle デゾレ]　形

申し訳ない、残念だ

On va au cinéma. Tu veux venir avec nous ?
映画に行くんだ。わたしたちといっしょに来ない？

— ***Désolé***, je suis très occupé.
— 悪いけど、とても忙しいんだ。

dessert [desɛr デセール] 名 男

デザート

Rika, qu'est-ce que tu prends comme ***dessert*** ?
リカ、デザートは何にする？

dessiner [desine デシネ] 動

デッサンする；（目的語なしで）絵を描く

Claude aime ***dessiner***.
クロードは絵を描くのが好きだ。

détail [detaj デタイユ] 名 男

細部、詳細、細かい点

Alors, raconte-moi les ***détails*** de ton projet.
それじゃ、きみの計画の詳細を聞かせてくれ。

détester [detɛste デテステ] 動

大嫌いだ

Virginie ***déteste*** les carottes.
ヴィルジニーはニンジンが大嫌いです。

D

devenir [dəv(ə)nir ドゥヴニール] 動
devenu 過分 [dəv(ə)ny ドゥヴニュ]

…になる

Ça ***devient*** difficile de trouver un bon appartement.
いいマンションを見つけるのは難しくなっている。

devoir [d(ə)vwar ドゥヴォワール] 動
dû, due 過分 [dy デュ]

① …しなければならない　　➡ 500

Ah ! il est déjà neuf heures. Nous ***devons*** partir.
ああ、もう9時だ。わたしたちは行かなければなりません。

◆ ne pas devoir + 不定詞　…してはならない

Tu ne ***dois*** pas sortir ce soir.
きみは今晩外出してはいけないよ。

② （人に）…を借りている

Je vous ***dois*** combien ?　おいくらですか？（勘定で）

devoirs [d(ə)vwar ドゥヴォワール] 名 男 複

宿題

dictionnaire [diksjɔnɛr ディクシオネール] 名男

辞書

Tu as un *dictionnaire* ?
Je ne comprends pas le sens de ce mot.

> 辞書もってる？　わたし、この単語の意味がわからないの。

différent, e [diferã ディフェラン] [diferãt ディフェラント] 形 男/女

違う

Jean et Isabelle sont frère et sœur, mais ils sont très *différents*.

> ジャンとイザベルは弟と姉だけど、ずいぶん違っています。

dire [dir ディール] 動
dit 過分 [di ディ]

言う ➡ 500

On *dit* que Jean est malade.

> ジャンは病気だという話です。

J'*ai dit* à Rika de venir dîner chez nous.

> わたしはリカにわたしたちの家に夕食を食べにくるよう言った。

◆ Dites. / Dis.　もしもし；ねえ（相手の注意を引いて）

◆ Ça ne me dit rien.　気が進まないな、興味ないよ。

D

directeur [dirɛktœr ディレクトゥール] 名 男
directrice [dirɛktris ディレクトリス] 女

…長、部長、所長、校長、支配人

disparaître [disparɛtr ディスパレートル] 動
disparu 過分 [dispary ディスパリュ]

(人が) いなくなる；消える、なくなる

Vous n'avez pas vu Rika ? Elle *a disparu*.
 みんな、リカを見なかった？　いなくなっちゃったんだ。

disque [disk ディスク] 名 男

ディスク、CD (= disque compact, compact disc)

Tu as acheté le dernier *disque* de Paul ?
 ポールの最新盤買った？

distribuer [distribɥe ディストリビュエ] 動

配る

Hélène *a distribué* des chocolats aux enfants.
エレーヌは子供たちにチョコレートを配りました。

doigt [dwa ドワ] 名男

指

Claude s'est coupé le *doigt* en faisant la cuisine.
クロードは料理をして指を切ってしまった。

dommage [dɔmaʒ ドマージュ] 名男

残念なこと

Tu ne peux pas venir demain ? C'est *dommage* !
きみはあした来られないの？ 残念だなあ。

donc [dɔ̃(k) ドン(ク)] 接

だから、ゆえに

C'est fini, *donc* on peut sortir.
終わった、だから出かけられるぞ。

donner [dɔne ドネ] 動

与える、教える；する → 500

Mon père t'*a donné* sa nouvelle adresse ?
父はきみに新しい住所を教えてくれた？

Il y a un an Paul *donnait* des leçons de piano.
一年前、ポールはピアノを教えていた。

◆ donner sur …に面してる

Ma chambre *donne sur* la cour.
わたしの部屋は中庭に面しています。

dont [dɔ̃ ドン] 関代

J'ai un ami *dont* le père est médecin.
わたしにはそのお父さんが医者である友達がいます。

C'est un chanteur *dont* on parle beaucoup.
あの人はとても話題になっている歌手です。

◆ dont は《de +先行詞》のかわりになります。

dos　　[do ド]　　名男

背中

J'ai mal au ***dos***.
　　わたしは背中が痛い。

douche　　[duʃ ドゥーシュ]　　名女

シャワー

Pouvez-vous nous donner une chambre avec ***douche*** ?
　　シャワーつきの部屋にしていただけませんか？
　　（ホテルのフロントで）

doute　　[dut ドゥット]　　名男

疑い

◆ sans doute　　たぶん

Jean n'est pas venu, il a ***sans doute*** oublié.
　　ジャンがこない、彼はたぶん忘れているのだ。

◆ sans aucun doute　　うたがいなく、きっと

doux [du ドゥ] 男形
douce [dus ドゥース] 女

甘い、マイルドな；味の薄い

Ce vin est un peu ***doux***.
このワインはちょっと甘口だ。

douzaine [duzɛn ドゥゼーヌ] 名女

ダース

Virginie, va acheter une ***douzaine*** d'œufs !
ヴィルジニー、卵を1ダース買ってきて。

drap [dra ドラ] 名女

シーツ

Rika, tu peux m'aider à changer les ***draps*** ?
リカ、シーツをかえるのを手伝ってくれない？

droit, e

[drwa ドロワ]
[drwat ドロワット]

形 男/女

右の（⇔ gauche）

J'ai mal au pied ***droit***.

わたしは右足が痛い。

dur, e

[dyr デュール]

形

固い；難しい

Cette viande est trop ***dure***.

この肉は固すぎる。

Ce travail est très ***dur***.

この仕事はとても難しい。

durer

[dyre デュレ]

動

続く

Le beau temps ***a duré*** huit jours.

いい天気が1週間続いた。

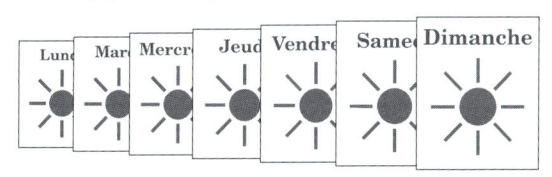

E

écouter [ekute エクテ] 動

(注意して) 聞く、耳を傾ける → 500

Claude, tu *as* déjà *écouté* le CD de Paul ?
クロード、ポールのCDはもう聞いた？

◆ Ecoutez. / Ecoute. ねえ、ちょっと；いいですか。(注意を喚起して)

écrire [ekrir エクリール] 動
écrit 過分 [ekri エクリ]

書く；手紙を書く → 500

Rika, tu *as écrit* à tes parents ?
リカ、ご両親に手紙を書いたかい？

effet [efɛ エフェ] 名 男

効果

◆ en effet　なるほど、たしかに

La nouvelle Honda est en vente ?
ホンダの新車は販売されていますか？

— ***En effet***, elle vient d'arriver.
— ええ、入荷したところです。

élève   [elɛv エレーヴ]   (名)

生徒

♥ 小学生・中学生・高校生の総称。大学生は étudiant。

embarrasser   [ɑ̃barase アンバラセ]   (動)

困らせる、じゃまになる

Tes questions m'*embarrassent* toujours.
きみの質問にはいつもまいってしまうな。

embrasser   [ɑ̃brase アンブラセ]   (動)

キスをする

Virginie *embrasse* ses parents avant de partir.
ヴィルジニーは出かける前に両親にキスをします。

◆ Je t'embrasse.   **お元気で。**（手紙の最後や電話を切るときの挨拶）

emprunter   [ɑ̃prœ̃te アンプランテ]   (動)

借りる

Jean *a emprunté* vingt euros à sa sœur.
ジャンは姉から20ユーロ借りた。

E

en¹ [ã アン] 前

① [場所・時間] …に、…で　→ 500

Paul, tu vas souvent ***en*** Angleterre ?

ポール、きみはよくイギリスに行くの？

♥ 女性国名および母音で始まる男性国名の前とフランスの地方名には en を用います：
en Normandie　ノルマンディー地方で[に]

Ce soir, on va dîner ***en*** ville.

今晩は、町で夕食を食べよう。

Mon grand-père est né ***en*** 1928.

わたしの祖父は1928年に生まれました。

Virginie a fait ses devoirs ***en*** deux heures.

ヴィルジニーは宿題を2時間でやりました。

② [手段] …で　→ 500

Rika est allée en Bretagne ***en*** train.

リカはブルターニュ地方に列車で行きました。

③ ［状態］…に、で　　　　　　　　　　　　➡ 500

En mai, les arbres sont *en* fleurs.

5月に、木々は花盛りになります。

● その他のよく用いられる表現 ●

arriver *en* avance [retard]	早く[遅れて]着く
être *en* bonne santé	健康である
partir *en* vacances [voyage]	バカンス[旅行]に出発する
sortir *en* famille	家族で外出する

④ ［材質］…でできた

Cette chaise est *en* bois.

その椅子は木でできています。

⑤ ［ジェロンディフ］en ＋ 現在分詞　…しながら、…するとき

En sortant d'un café, Jean a rencontré Rika.

カフェから出てきたとき、ジャンはリカにあいました。

en² [ã アン] 副/中代

① 副 そこから

Vous connaissez bien la Grèce ?
　ギリシアはよくご存じですか？

— Oui, j'**en** reviens.
　—ええ、そこから帰ってきたところですから。

② 中代 そのことを；それを

N'**en** parlons plus.
　その話はもうやめよう。(en ＝ de cela)

Vous voulez encore du café ?
　もう少しコーヒーはいかがですか？

— Oui, j'**en** veux bien.
　—ええ、いただきます。
　(en ＝ du café)

Vous **en** voulez combien, des roses ?
　バラは、何本にしましょうか？

— J'**en** veux quatre, s'il vous plaît.
　—4本お願いします。

enchanté, e [ɑ̃ʃɑ̃te アンシャンテ] 形

はじめまして；とてもうれしい

Bonjour, Monsieur ! ***Enchantée***.
こんにちは。はじめまして。

enfance [ɑ̃fɑ̃s アンファンス] 名女

子供時代

Dans mon ***enfance***, j'habitais à Bordeaux.
子供の頃、わたしはボルドーに住んでいました。

enfin [ɑ̃fɛ̃ アンファン] 副

やっと、とうとう；最後に

Rika est ***enfin*** arrivée.
やっとリカが来たよ。

enseigner [ɑ̃sɛɲe アンセニェ] 動

（教科などを）教える

M. Marceau ***enseigne*** l'anglais dans un lycée.
マルソーさんは高校で英語を教えています。

ensuite [ɑ̃sɥit アンスュイット] 副

次に

D'abord, on va au restaurant. ***Ensuite***, on va faire des courses.
> まず、レストランにいきましょう。それから買い物をしましょう。

entendre [ɑ̃tɑ̃dr アンタンドル] 動
entendu 過分 [ɑ̃tɑ̃dy アンタンデュ]

① 聞こえる → 500

② …が…するのを聞く [知覚動詞]

On ***entendait*** Paul jouer du piano.
> ポールがピアノを弾く音が聞こえていた。

entre [ɑ̃tr アントル] 前

① [場所] …のあいだに、で → 500

Il y a combien de kilomètres ***entre*** Paris et Lyon ?
> パリとリヨンのあいだは何キロですか？

② [時間] …のあいだに、で

Venez chez moi demain ***entre*** dix heures et midi.
> あした10時から12時のあいだにわたしの家に来て下さい。

entrée [ɑ̃tre アントレ] 名女

① 入口（⇔ sortie 出口）

Nous avons rendez-vous à l'*entrée* du métro.
わたしたちは地下鉄の入口で待ちあわせをしています。

② （料理の）アントレ、前菜

Qu'est-ce que tu prends comme *entrée* ?
アントレはなににする？

enveloppe [ɑ̃v(ə)lɔp アンヴロップ] 名女

封筒

Paul, tu as des *enveloppes* ?
ポール、封筒もってる？

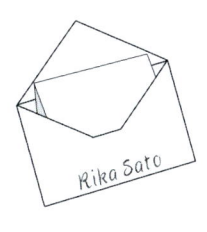

envie [ɑ̃vi アンヴィ] 名女

欲求

◆ avoir envie de ...　…が欲しい、…したい

J'*ai envie de* faire un voyage.
わたしは旅行に行きたい。

E

environ [ɑ̃virɔ̃ アンヴィロン] 副

おおよそ

Il y a ***environ*** 20 kilomètres d'ici à Paris.
ここからパリまでおおよそ20キロです。

erreur [erœr エルール] 名 女

間違い、ミス

C'est une ***erreur***. それは間違いです。

escalier [ɛskalje エスカリエ] 名 男

階段

Rika monte l'***escalier***. リカは階段をあがっています。

Espagne [ɛspaɲ エスパーニュ] 固有 女

スペイン

espagnol, e [ɛspaɲɔl エスパニョル] 形／名

形 スペイン(人)の／Espagnol,e 名 スペイン人
◆ espagnol 名 男 スペイン語

espérer [ɛspere エスペレ] 動

期待する、希望する

J'*espère* te revoir l'année prochaine.
わたしは来年またきみに会えることを期待しています。

esprit [ɛspri エスプリ] 名男

精神；才気、機知

◆ avoir de l'esprit　気が利いている、才気〔機知〕に富んでいる
Paul *a de l'esprit*.　ポールは才気にあふれている。

essayer [eseje エセイエ] 動

試してみる；試着する

Je peux *essayer* cette robe ?
このワンピース試着できますか？

est [ɛst エスト] 名男

東 (⇔ ouest　西)

Ce quartier est à l'*est* de Paris.
その地区はパリの東のほうです。

♥ être の活用形（il est, elle est）と間違わないように！

estomac [ɛstɔma エストマ] 名 男

胃

J'ai mal à l'***estomac***.　わたしは胃が痛い。

étage [etaʒ エタージュ] 名 男

階

Rika habite au troisième ***étage***.

リカは4階に住んでいます。

💧 フランス語では、1階は rez-de-chaussée といい、le premier étage が日本式の2階、le deuxième étage が3階になります。

États-Unis [etazyni エタジュニ] 固有 男 複

アメリカ合衆国

L'année dernière, mon père est allé aux ***États-Unis***.

去年、わたしの父はアメリカに行きました。

étoile [etwal エトワール] 名 女

星

Ce soir, on ne peut pas voir les ***étoiles***.

今晩は、星が見えないわ。

étonner [etɔne エトネ] 動

驚かせる

Rika n'est pas là ? Ça m'*étonne* !
リカがいないって？ 意外だな。

◆ être étonné,e de ...　…に驚く

Je *suis étonné d'*apprendre cette nouvelle.
わたしはそのニュースを知って驚いています。

étranger / étrangère [etrɑ̃ʒe エトランジェ] / [etrɑ̃ʒɛr エトランジェール] 形/名 男/女

形 **外国の**； 名 **外国人**

Paul parle plusieurs langues *étrangères*.
ポールは数カ国語が話せる。

Καλημέρα.
Buenos días.
English please!
Bonjour.
Good morning.

Il y a beaucoup d'*étrangers* dans ce quartier.
この地区には多くの外国人がいます。

E

être
été 過分

[εtr エートル]　動
[ete エテ]

① ［属詞とともに］…です　　→ 500

Quand il est arrivé en France, Claude *était* très content.
　フランスに着いたとき、クロードはとてもうれしかった。

② ［状況補語とともに］…にいる、…にある　　→ 500

Tu n'as pas vu Rika ?
　リカを見なかった？

— Si, elle *était* au café.
　—見たよ、カフェにいたよ。

Paul, tu *as été* malade l'hiver dernier ?
　ポール、昨年の冬病気したの？

— Oui, j'*ai été* malade tout décembre.
　—うん、12月はずっと病気だった。

étude

[etyd エテュード]　名 女

勉強、研究

Mon frère a fait ses *études* aux États-Unis.
　わたしの兄〔弟〕はアメリカ合衆国で勉強をしました。

euro

[øro ウロ] 名 男

ユーロ

Ce livre coûte 12 *euros*.
その本は12ユーロです。

exagérer

[εgzaʒere エグザジェレ] 動

大げさに言う、誇張する；度を過ごす

Tu n'as pas le temps de dormir ? Tu *exagères* !
眠る時間もないだって？　大げさすぎるよ！

excellent, e

[εksεlɑ̃ エクセラン]
[εksεlɑ̃t エクセラント] 形 男/女

すばらしい、すぐれた

Je trouve cet acteur *excellent*.
わたしはその俳優はすばらしいと思うわ。

excursion

[εkskyrsjɔ̃ エクスキュルシオン] 名 女

遠足；小旅行

Demain, nous ferons une ***excursion*** aux châteaux de la Loire.

あした、わたしたちはロワール川のお城に小旅行に行きます。

excuser

[εkskyze エクスキュゼ] 動

許す

***Excusez*-moi.**

ごめんなさい。

Excusez-moi.

◆ s'excuser 代動 **あやまる**

Rika ***s'est excusée*** d'être arrivée en retard.

リカは遅れてついたことをあやまりました。

exemple

[εgzɑ̃pl エグザンブル] 名 男

例

◆ par exemple　たとえば

Qu'est-ce qu'on fait demain ?　あしたなにするの？
— On va au cinéma, ***par exemple***.
　　—映画なんかどう、たとえば。

expliquer

[εksplike エクスプリケ] 動

説明する

Paul, tu peux m'***expliquer*** ça ?
　　ポール、わたしにこれを説明してくれない？

exposition

[εkspozisjɔ̃ エクスポジシオン] 名 女

展覧会

Ils sont allés voir une ***exposition*** de peinture.
　　彼らは絵画展を見に行きました。

extérieur, e

[εksterjœr エクステリユール] 形

外側の、外部の（⇔ intérieur,e　内側の、内部の）

F

facteur [faktœr ファクトゥール] 名男

郵便配達人

faible [fɛbl フェーブル] 形

弱い（⇔ fort　強い）

Le temps pour demain : soleil et vent **faible**.
　明日の天気は、晴れで風は弱いみこみです。（天気予報で）

faire [fɛr フェール] 動
fait 過分 [fɛ フェ]

① **する；作る**　　　　　　　　　　　　　　→ 500

Qu'est-ce que tu **as fait** cet après-midi, Rika ?
　リカ、今日の午後はなにをしたの？

— J'**ai fait** un gâteau.
　—ケーキを作ったわ。

● **faire を用いた表現** ●

faire le ménage 家事をする
faire le lit ベッドメイキングする
faire du piano ピアノを弾く
faire du ski スキーをする
faire du tennis テニスをする
faire du vélo サイクリングをする
faire de la natation 水泳をする
faire des études 勉強をする
faire des photos de... …の写真を撮る
faire sa valise スーツケースに荷物をつめる（旅行の支度をする）

② （ある数量に）なる

Ça *fait* combien ?
　　おいくらになりますか？

— Ça *fait* soixante euros.
　　—60ユーロです。

③ ［非人称動詞として］　　　　　　　　　　→ 500

Il *a fait* jour [nuit].
　　夜が明けた［日が暮れた］。

④ ［使役動詞として］ …させる

Rika *a fait* faire la cuisine à Paul.
　　リカはポールに料理を作ってもらった。

F

fait
[fɛ フェ]
[fɛt フェット]
名 男

ことがら

◆ tout à fait　まったく（読み方はトゥタフェ）

Je suis ***tout à fait*** d'accord avec vous.
　わたしはあなたにまったく賛成です。

◆ au fait　ところで（読み方はオフェット）

famille
[famij ファミーユ]
名 女

家族

Cet été, Hélène a passé ses vacances avec sa ***famille*** en Italie.
　今年の夏、エレーヌは家族と一緒にイタリアでバカンスを過ごしました。

faute
[fot フォート]
名 女

間違い、ミス；過ち

Ce n'est pas (de) ma ***faute***.
　わたしのせいじゃないわ。

faux / fausse

[fo フォ] 男形
[fos フォス] 女

間違った

C'est *faux*, je n'ai jamais dit ça.
　そんなの嘘だよ、ぼくはそんなこと一度も言ってない。

fer

[fɛr フェール] 名男

鉄

fermeture

[fɛrmətyr フェルムテュール] 名女

閉めること、閉店、閉館

l'heure de fermeture　　閉店〔閉館〕時刻

fête

[fɛt フェット] 名女

祝日、祭り；パーティー

Le 14 juillet, c'est la *fête* nationale en France.
　フランスでは7月14日は国ができたことを祝う日です。

Rika, c'est quand, la *fête* chez Hélène ?
　リカ、エレーヌのパーティーはいつなの？

F

feu [fø フ] 名 男

火；火事；信号

Vous avez du *feu* ?
　　火はありますか？（たばこの）

Au *feu* !　　火事だ！

Attention ! Le *feu* est rouge !
　　気をつけて！信号は赤だよ！

fiancé, e [fjɑ̃se フィアンセ] 名

フィアンセ、婚約者

Montre-moi la photo de ta *fiancée*.
　　きみのフィアンセの写真を見せてよ。

fièvre [fjɛvr フィエーヴル] 名 女

熱

◆ avoir de la fièvre　**熱がある**

Aujourd'hui, je ne peux pas me baigner :
j'*ai de la fièvre*.
　　今日ぼくは泳げない。
　　熱があるんだ。

figure

[figyr フィギュール] 名女

顔

Rika s'est lavé la *figure*.

リカは顔を洗いました。

film

[film フィルム] 名男

映画（作品）

Je n'ai pas encore vu ce *film*.

わたしその映画まだ見てないわ。

fin

[fɛ̃ ファン] 名女

終わり、最後

Paul reviendra du Canada avant la *fin* du mois.

ポールは今月末までにはカナダから帰ってくるでしょう。

fixé, e

[fikse フィクセ] 形

（日時などが）決まっている

Le jour de ton départ est déjà *fixé* ?

きみの出発の日はもう決まってるの？

fleuriste [flœrist フルリスト] 名

花屋（の人）

Mme Vincent achète toujours ses fleurs chez le même *fleuriste*.

ヴァンサン夫人は花をいつも同じ花屋で買います。

flûte [flyt フリュート] 名女

フルート

Hélène apprend à jouer de la *flûte*.

エレーヌはフルートの演奏を習っています。

fois [fwa フォワ] 名女

回 ➡ 500

◆ pour la première fois　初めて

Je vais à Londres *pour la première fois*.

ロンドンに行くのは初めてです。

fond [fɔ̃ フォン] 名 男

奥、つきあたり；底

◆ au fond de ...　…の奥〔底〕に

L'escalier est *au fond de* la cour.
　階段は中庭のつきあたりにあります。

football [futbol フットボール] 名 男
foot 話 [fut フット]

サッカー

Paul, je voudrais aller voir un match de *football*.
　ポール、わたしサッカーの試合を見に行きたいんだけど。

♦ 正式には football ですが、日常会話では省略して foot ともいいます。

forêt [fɔrɛ フォレ] 名 女

森（bois よりも広い）

Ce matin, ils se sont promenés dans la *forêt*.
　今朝、彼らは森を散歩しました。

F

fort, e
[fɔr フォール]
[fɔrt フォルト]
形 男/女

強い (⇔ faible 弱い)

Le vent sera **fort** aujourd'hui.
今日は風が強くなるだろう。

◆ fort, e en ... …が得意だ

Claude est **fort** en mathématiques.
クロードは数学が得意です。

frais
fraîche
[frɛ フレ]
[frɛʃ フレッシュ]
形 男/女

涼しい、冷たい；新鮮な；真新しい

Je voudrais boire de l'eau **fraîche**.
わたしは冷たい水が飲みたい。

Ces œufs sont **frais**.
この卵は新鮮だ。

fraise
[frɛz フレーズ]
名 女

イチゴ

confiture de fraises　**イチゴジャム**

frapper [frape フラペ] 動

打つ、たたく；ノックする　→ 500

Quelqu'un *a frappé* à la porte.
誰かがドアをノックした。

《 Entrez sans frapper 》「ノックは無用です」

froid [frwa フロワ] 名 男

寒さ

◆ prendre froid　風邪をひく、寒気がする

Paul *a pris froid*.　ポールは風邪ひいた。

fruit [frɥi フリュイ] 名 男

果物、フルーツ

jus de fruit　フルーツジュース

fumer [fyme フュメ] 動

たばこを吸う

Je peux *fumer*, Monsieur ?
たばこを吸ってもいいですか？

G

gagner [gaɲe ガニュ] 動

(働いて) 稼ぐ

Isabelle *gagne* 1,850 euros par mois.
イザベルは月に1850ユーロ稼いでいる。

gants [gɑ̃ ガン] 名 男 複

手袋

Virginie, mets tes *gants* : il fait très froid dehors.
ヴィルジニー、手袋をしなさい。外はとても寒いわよ。

garder [garde ガルデ] 動

守る、保つ、とっておく

Gardez la monnaie. お釣りはとっておいてください。

gâteau [gato ガトー] 名 男
gâteaux 複

ケーキ、お菓子

C'est moi qui ai fait ce *gâteau* au chocolat.
このチョコレートケーキを作ったのはわたしよ。

gauche

[goʃ ゴーシュ] 形

左の（⇔ droit,e 右の） ➡ 500

Rika porte son sac de la main *gauche*.
リカは左手にバッグをもっています。

genou
genoux 複

[ʒ(ə)nu ジュヌー] 名男

膝（ひざ）

géographie

[ʒeɔgrafi ジェオグラフィ] 名女

地理（学）

glace

[glas グラース] 名女

アイスクリーム

Rika a pris une *glace* à la vanille comme dessert.
リカはデザートにバニラアイスクリームを食べました。

G

gorge [gɔrʒ ゴルジュ] 名女

のど

Claude a pris froid et il a mal à la **gorge**.
クロードは風邪をひいて、のどが痛い。

goût [gu グー] 名男

好み、趣味、センス

Nous avons les même **goûts**.
ぼくたちは好みが同じだ。

◆ avoir bon [mauvais] goût　センスがいい［悪い］

Paul **a bon goût**.
ポールはセンスがいい。

gramme [gram グラム] 名男

グラム

Pour faire ce gâteau, il faut 80 **grammes** de beurre.
このケーキを作るためには、バターが80グラム必要です。

grandeur [grɑ̃dœr グランドゥール] 名女

大きさ

Ces deux chambres sont de même *grandeur*.
その2つの部屋は同じ大きさです。

grand-mère [grɑ̃mɛr グランメール] 名女

祖母

Ma *grand-mère* a 78 ans.
わたしの祖母は78歳です。

grand-père [grɑ̃pɛr グランペール] 名男

祖父

Et votre *grand-père*, il a quel âge ?
それでは、あなたのおじいさまはおいくつですか？

grands-parents [grɑ̃parɑ̃ グランパラン] 名男複

祖父母

Mes *grands-parents* habitent près de Lyon.
わたしの祖父母はリヨンの近くに住んでいます。

G

grave [grav グラーヴ] 形

重大な；（病気などが）重い

Excusez-moi d'être en retard.
　遅れて申し訳ありません。

— Ce n'est pas *grave*.
　―だいじょうぶ、大したことありません。

Grèce [grɛs グレース] 固有 女

ギリシア

gymnastique [ʒimnastik ジムナスティック] 名 女
gym 話 [ʒim ジム]

体操

Jean fait de la *gymnastique* tous les matins.
　ジャンは毎朝体操をしています。

H

habiller [abije アビエ] 動

服を着せる

Rika, dépêche-toi. On va partir.
　リカ、急いで。もうすぐ出発だよ。
— Je ne *suis* pas encore *habillée*.
　— まだ服を着替えていないのよ。

◆ s'habiller　代動　服を着る、着替える

habitude [abityd アビテュード] 名女

習慣

Jean a l'*habitude* de se coucher tôt.
　ジャンは早く寝る習慣があります。

◆ d'habitude　いつもは、たいてい、普通は

D'habitude, Rika se lève à 8 heures.
　リカはいつもは8時に起きます。

†hall [ol オール] 名男

(ホテルの) ロビー；(ビルの) エントランス

Rendez-vous dans le *hall*, d'accord ?
　ロビーで待ち合わせでいいかい？

133

H

†haricot　[ariko アリコ]　名男

インゲン豆

haricot vert　サヤインゲン

†haut　[o オ]　名男/副

① 名男 高さ

◆ en haut (de...)　(…の) 上に

Mettez votre nom **en haut** de la page.
　ページの上方に名前を書いてください。

② 副 高く、大きな声で

Parlez plus **haut**.　もっと大きな声で話してください。

◆ hall, haricot, haut の最初の h は有音の h といい、前の子音とリエゾン、エリジオン、アンシェーヌマンはしません。

heure　[œr ウール]　名女

時間、時刻　→ 500

◆ tout à l'heure　少し前、さっき；少し後で

Tout à l'heure, j'ai rencontré Hélène dans la rue.
　さっき、わたしは道でエレーヌと出会いました。

Je vais sortir *tout à l'heure*.
 わたしはもうすぐ出かけます。

♥tout à l'heure は今から少し離れた時を示します。それが過去のことか未来のことかは前後関係で判断できます。

heureusement [øRøzmã ウルーズマン] 副

幸いなことに

Heureusement, Rika a réussi à son examen.
 幸いなことに、リカは試験に合格しました。

heureux [øRø ウルー] 男 形
heureuse [øRøz ウルーズ] 女

幸せな；うれしい（⇔malheureux,se　不幸な）

Rika a l'air *heureuse*.　　リカはうれしそうです。

histoire [istwaR イストワール] 名 女

歴史；物語、話

Aujourd'hui, j'ai un cours d'*histoire*.
 今日わたしは歴史の授業があります。

Dis, maman, raconte-moi une *histoire*.
 ねえ、お母さん、なにかお話ししてよ。

identité [idɑ̃tite イダンティテ] 名 女

身元、身分

carte d'identité 身分証明書

île [il イル] 名 女

島

Notre-Dame est dans l'*île* de la Cité.
ノートルダムはシテ島にあります。

il y a [ilja イリヤ]

① …がある ➡ 500

② …前に

Paul est parti pour le Canada *il y a* trois jours.
ポールは三日前にカナダに旅立ちました。

immeuble [imœbl イムーブル] 名 男

ビル；マンション

Ils habitent le même *immeuble* que nous.
彼らはわたしたちと同じマンション内に住んでいます。

♥immeuble は建物全体をいい、appartement はそのなかの各世帯がしめる住居をいいます。

impossible [ɛ̃pɔsibl アンポシーブル] 形

不可能な、ありえない（⇔possible 可能な、ありうる）

C'est ***impossible***.
それは不可能だ；そんなはずはない、まさか。

indiquer [ɛ̃dike アンディケ] 動

教える、示す

Pouvez-vous m'***indiquer*** le chemin de la gare ?
駅に行く道を教えてもらえませんか？

ingénieur [ɛ̃ʒenjœr アンジェニウール] 名 男

エンジニア、技師

Le père de Jean est ***ingénieur***.
ジャンのお父さんはエンジニアです。

inquiéter [ɛ̃kjete アンキエテ] 動

心配させる

◆ s'inquiéter　代動　心配する

Ne ***t'inquiète*** pas. Ce n'est pas grave.
心配しないで。大したことじゃないから。

installer   [ɛ̃stale アンスタレ]   動

設置する；住まわせる

◆ s'installer   代動   身を落ち着ける；住む

Rika *s'est installée* dans un studio, rue d'Alésia.

リカはアレジア通りのワンルームマンションに住むことになりました。

instant   [ɛ̃stɑ̃ アンスタン]   名 男

瞬間、一瞬

Une chambre pour trois nuits, c'est possible ?

部屋を3泊とれますでしょうか。

— Un *instant*, Monsieur.

— 少々お待ちください。

intelligent, e   [ɛ̃teliʒɑ̃ アンテリジャン]
[ɛ̃teliʒɑ̃t アンテリジャント]   形 男/女

頭がいい、知的な

Virginie est la plus *intelligente* de la classe.

ヴィルジニーはクラスでいちばん頭がいい。

intention [ɛ̃tɑ̃sjɔ̃ アンタンシオン] 名女

意図

◆ avoir l'intention de + 不定詞　…するつもりだ

Rika *a l'intention d'*aller en Italie le mois prochain.
　リカは来月イタリアに行くつもりです。

intérieur, e [ɛ̃terjœr アンテリユール] 形

内側の、内部の（⇔extérieur,e　外側の、外部の）

interprète [ɛ̃tɛrprɛt アンテルプレット] 名

通訳

interruption [ɛ̃terypsjɔ̃ アンテリュプシオン] 名女

中断

◆ sans interrupiton　ずっと続けて、休みなしで

Le magasin est ouvert *sans interruption* de 10 heures à 18 heures.
　当店は10時から18時まで休憩時間なしで営業。（掲示で）

inviter [ɛ̃vite アンヴィテ] 動

招待する

Hélène *a invité* ses amis pour son anniversaire.
エレーヌは誕生日に友達を招待しました。

Italie [itali イタリー] 固有 女

イタリア

M. Dumont passe ses vacances en *Italie*.
デュモンさんはイタリアでヴァカンスを過ごします。

italien, *ne* [italjɛ̃ イタリアン] [italjɛn イタリエンヌ] 形/名 男女

形 イタリア(人)の／Italien,*ne* 名 イタリア人

cuisine italienne　*イタリア料理*

◆ italien　名 男　*イタリア語*

Allemagne
France
Italie

jamais [ʒamɛ ジャメ] 副

《 ne ... jamais 》一度も、決して …でない

Je *ne* suis *jamais* allé au Japon.
わたしは日本に行ったことがありません。

jambon [ʒɑ̃bɔ̃ ジャンボン] 名 男

ハム

sandwich au jambon　ハムサンド

jaune [ʒon ジョーヌ] 形

黄色い

jeter [ʒ(ə)te ジュテ] 動

投げる；捨てる

Les enfants *jettent* des pierres dans la mer.
子供たちは海に石を投げています。

J

jeu
jeux 複

[ʒø ジュ]   名 男

遊び、ゲーム；試合、勝負

jeu vidéo　テレビゲーム

jouer

[ʒwe ジュエ]   動

遊ぶ；プレイする　　　　　　　　　　→ 500

Virginie, tu peux aller *jouer*.
　　ヴィルジニー、遊びに行っていいわよ。

◆ jouer à ...　　（スポーツ・ゲームなどを）する

　jouer au foot(ball)　サッカーをする
　jouer au tennis　　　テニスをする
　jouer aux cartes　　トランプをする

◆ jouer de ...　　（楽器を）演奏する

　jouer de la flûte　フルートを吹く
　jouer du piano　　ピアノを弾く

jouet [ʒwɛ ジュエ] 名男

おもちゃ

Où est-ce qu'on peut acheter des ***jouets*** ?
おもちゃはどこで買えますか？（デパートなどで）
[おもちゃ売場はどこですか？]

jour [ʒur ジュール] 名男

日；1日　　　　　　　　　　　　　　➡ 500

- tous les jours　毎日
- jour et nuit / nuit et jour　昼も夜も、一日中

journaliste [ʒurnalist ジュルナリスト] 名男

記者；ジャーナリスト

Jean veut devenir ***journaliste***.
ジャンは新聞記者になりたいと思っています。

jupe [ʒyp ジュップ] 名女

スカート

Hélène, où est-ce que tu as trouvé cette ***jupe*** ?
エレーヌ、そのスカートどこで見つけたの？

jus [ʒy ジュ] 名 男

ジュース

● ジュースいろいろ ●

jus de fruit フルーツジュース　jus d'orange オレンジジュース
jus de citron レモンジュース　jus de tomate トマトジュース

juste [ʒyst ジュスト] 形 / 副

① 形 **正確な**

Ta montre donne l'heure *juste* ?

　きみの時計は正確かい？

② 副 **ちょうど** ➡ 500

La poste ? Elle est *juste* à côté.

　郵便局ですか？　すぐ隣ですよ。

K

kilogramme [kilɔgram キログラム] 名 男
kilo [kilo キロ]

キロ（グラム）

Madame, un ***kilo*** de tomates, s'il vous plaît.
　すみません、トマト１キロください。

Je pèse 55 ***kilos*** juste.
　ぼくの体重はちょうど55キロです。

kiosque [kjɔsk キオスク] 名 男

キオスク（新聞、花などの売店）

là-bas [laba ラバ] 副

あそこに；向こうで

Tu vois la maison *là-bas* ?
あそこに家が見えるだろう？

lac [lak ラック] 名 男

湖

Rika, si on allait à vélo jusqu'au *lac* ?
リカ、湖までサイクリングしないか？

laisser [lese レセ] 動

① 残す；…のままにしておく

Laisse-moi du gâteau.
わたしにケーキをとっといてね。

Claude, ne *laisse* pas la porte ouverte.
クロード、ドアを開けっぱなしにしておかないで！

② 《laisser + 不定詞》…するがままにしておく

Maman, *laisse*-moi regarder la télé.
ママ、テレビもっと見せてよ。

lait [lɛ レ] 名男

ミルク、牛乳

N'oublie pas d'acheter du *lait*.
ミルクを買うのを忘れないで。

langue [lɑ̃g ラング] 名女

言語

école de langues　語学学校

large [larʒ ラルジュ] 形

(幅が) 広い；(服が) ゆったりした、ゆるい

Ce pull est trop *large* pour moi.
このセーターはわたしにはだぶだぶよ。

lavabo [lavabo ラヴァボ] 名男

洗面台

laver [lave ラヴェ] 動

洗う

Papa *lave* sa voiture.
パパは車を洗ってるよ。

◆ se laver　代動　（自分の体を）洗う

Virginie, va *te laver* les mains.
ヴィルジニー、手を洗ってらっしゃい。

le (l') [lə ル] 定冠 人代

	男性	女性
単数	le (l')	la (l')
複数	les	

(le, la の次に母音や無音の h で始まる単語が続くときは、l' となります)

① 定冠　あの、例の　　　　　　　　　　→ 500

② 人代　［直接目的語］彼(ら)を、彼女(たち)を；それ(ら)を

Vous prenez ce sac ?
そのバッグをお買い求めですか？

— Oui, je *le* prends.
―はい、いただきます。

légume [legym レギューム] 名 男

野菜

Qu'est-ce que tu veux prendre comme ***légumes*** : haricots ou pommes de terre ?

> 野菜はなにを食べたい？インゲンがいい？それともジャガイモ？

lendemain [lɑ̃dmɛ̃ ランドマン] 名 男

◆ le lendemain　翌日（⇔ la veille　前日）

lentement [lɑ̃tmɑ̃ ラントマン] 副

ゆっくりと（⇔vite　速く）

Parlez plus ***lentement***, s'il vous plaît.

> もっとゆっくり話してください。

Pera Pera Pera Pera Pera Pera

lequel / laquelle

lequel [ləkɛl ルケル]
laquelle [lakɛl ラケル]

疑代 男 / 女

	男性	女性
単数	lequel	laquelle
複数	lesquels	lesquelles

どれ、どの人

Ces robes sont très jolies : *laquelle* préférez-vous ?

> これらのワンピースはとてもきれいです、どれがお好みですか？

leur

[lœr ルール] 所形 人代

① 所形 彼ら（彼女たち）の　　➡ 500

② 人代 ［間接目的語］彼らに、彼女たちに

lever

[l(ə)ve ルヴェ]   動

起こす

◆ se lever   代動   起きる（⇔ se coucher   寝る）

Ce matin, Rika *s'est levée* à 7 heures et demie.

今朝、リカは7時30分に起きました。

libre

[libr リーブル]   形

① **ひまな**   ➜ 500

② **（席などが）空いている**（⇔ occupé,e）

Pardon, Monsieur, cette place est *libre* ?

すみません、この席は空いていますか？

lieu

[ljø リゥ]   名 男

場所

◆ au lieu (de...)   （…の）かわりに

Je prendrai un gâteau *au lieu d'*une glace.

わたしはアイスクリームのかわりにケーキをお願いしたいのですが。

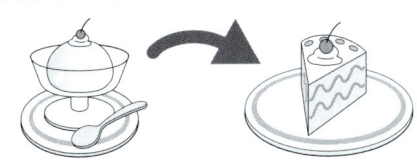

ligne
[liɲ リーニュ] 名女

線；路線

On prend quelle *ligne* pour y aller ?
そこに行くには、どの路線に乗ればいいのですか？

lire
[lir リール] 動
lu 過分 [ly リュ]

読む；読書する ➡ 500

Paul *lisait* un livre quand Rika est arrivée.
ポールが本を読んでいると、リカがやってきた。

Paul, tu *as* déjà *lu* ce livre ?
ポール、この本もう読んだ？

logement
[lɔʒmɑ̃ ロジュマン] 名男

住居

Nous cherchons un *logement* pour les vacances.
わたしたちはバカンスのあいだ住むところを探しています。

longtemps [lɔ̃tɑ̃ ロンタン] 副

長いあいだ

Il y a **longtemps** que je n'ai pas vu Isabelle.
　もうずいぶん長いあいだ、イザベルにあっていないあ。

lui [lɥi リュイ] 人代

① ［強勢形］彼 → 500

② ［間接目的語］彼に、彼女に

lunettes [lynɛt リュネット] 名 女 複

めがね

M. Dumont porte des **lunettes**.
　デュモンさんはめがねをかけています。

lycée [lise リセ] 名 男

高校

lycéen, *ne* [liseɛ̃ リセアン]
[liseɛn リセエンヌ] 名 男 女

高校生

Hélène est **lycéenne**.　エレーヌは高校生です。

M

magasin [magazɛ̃ マガザン] 名 男

店、商店

Hélène, tu connais un bon *magasin* de chaussures ?
エレーヌ、いい靴屋を知ってる？

magnifique [maɲifik マニフィック] 形

すばらしい

Il fait un temps *magnifique*.
すばらしくいい天気だ。

maigre [mɛgr メーグル] 形

やせた（⇔ gros 太った）

Virginie est *maigre*.
ヴィルジニーはやせています。

maigrir [megrir メグリール] 動
maigri 過分 [megri メグリ]

やせる

Rika a commencé à faire du sport pour *maigrir*.
リカはやせるためにスポーツを始めました。

mairie　　[meri メリ]　　名女

市役所、町〔村〕役場

mais　　[mɛ メ]　　接/副

接 しかし　➡ 500　；副 [oui, non などを強調して] もちろん

***Mais* oui [non].**　　もちろん〔とんでもない〕。

mal　　[mal マル]　　名男/副

① 名男 痛み　　　　　　　　　　　　　　　　➡ 500

◆ se faire mal à ...　代動　…を痛める

Paul ***s'est fait mal*** au bras en jouant trop au tennis.
　　ポールはテニスをしすぎて、腕を痛めました。

② 副 下手に（⇔ bien　上手に）　　　　　　➡ 500

Jean, tu parles bien japonais ?
　　ジャン、日本語はうまくしゃべれるの？

— Ah, non, je le parle très ***mal***.
　　—とんでもない、すごく下手だよ。

◆ pas mal　悪くない

Ça va ?　　元気？

— ***Pas mal***.　　—まあまあだよ

malheureux / malheureuse

[malørø マルルー]
[malørøz マルルーズ]

男形女

不幸な（⇔ heureux, se　幸せな）

Jean a l'air *malheureux*.
ジャンは悲しそうだ。

manquer

[mɑ̃ke マンケ] 動

不足している；乗り遅れる

Il me *manque* 50 euros pour acheter ce sac.
そのバッグを買うには50ユーロ足りないわ。

Rika, dépêche-toi ! On va *manquer* le train.
リカ、急いで！列車に乗り遅れるよ。

manteau
manteaux 複

[mɑ̃to マントー] 名男

コート

Claude a mis son *manteau* pour sortir.
クロードは外出するためにコートを着ました。

marchand, e [marʃɑ̃ マルシャン] [marʃɑ̃d マルシャンド] 名 男/女

商人、…商

Mon ***marchand*** de légumes parle beaucoup.
わたしがいつも行く八百屋さんはすごくおしゃべりです。

marché [marʃe マルシェ] 名 男

市場

Rika est allée au ***marché*** avec Hélène.
リカはエレーヌと市場に行きました。

marché aux puces　蚤の市

◆ bon marché　安い（⇔ cher　高い）

Tu connais un restaurant ***bon marché*** ?
安いレストラン知ってる？

marcher [marʃe マルシェ] 動

① **歩く**　　　　　　　　　　　　　　　　　➡ 500

② **作動する**

Cette télévision ne ***marche*** plus.
このテレビもう映らないよ。

157

mari　[mari マリ]　名 男

夫（⇔ femme）

Son ***mari*** est professeur.
彼女の夫は教師です。

marier　[marje マリエ]　動

◆ se marier　代動　結婚する

Isabelle va ***se marier***.
イザベルはもうすぐ結婚します。

match　[matʃ マッチ]　名 男

試合

Rika est allée voir un ***match*** de football avec Jean.
リカはジャンとサッカーの試合を見に行きました。

mathématiques　[matematik マテマティック]　名 女 複

数学

Virginie n'est pas très forte en ***mathématiques***.
ヴィルジニーは数学がそれほど得意ではありません。

matinée [matine マティネ] 名 女

午前中、朝のあいだ

Rika a dormi toute la ***matinée***.
リカは午前中ずっと寝ていました。

mayonnaise [majɔnɛz マヨネーズ] 名 女

マヨネーズ

Hélène a pris un œuf à la ***mayonnaise***.
エレーヌはマヨネーズをかけたゆで卵を注文しました。

me (m') [mə ム] 人代

[直接目的語] わたしを；[間接目的語] わたしに

Pail ***m***'a téléphoné ce matin.
今朝、ポールはわたしに電話してきました。

méchant, e [meʃɑ̃ メシャン] [meʃɑ̃t メシャント] 形 男/女

意地悪な

Ah, tu es ***méchant*** !
ああん、意地悪ぅ！

M

médecine [mɛd(ə)sin メドゥシヌ] 名 女

医学

meilleur, e [mɛjœr メユール] 形

① [bon の比較級] **よりよい ; よりおいしい**

Ce vin-ci est *meilleur* que ce vin-là.
こちらのワインはあちらのワインよりもおいしい。

② [bon の最上級]《 le (la, les) meilleur(e)(s)... 》
いちばんよい… ; いちばんおいしい…

C'est *la meilleure* étudiante de la classe.
彼女はクラスでいちばんよくできる学生です。

même [mɛm メーム] 形/副

① 形 **同じ**

Rika et moi, nous avons le *même* âge.
リカとぼくは同い年なんだ。

② 副 **さえ**

Tout le monde est arrivé à l'heure, *même* Rika !
みんな時間どおりにやってきた、リカでさえも！

◆ moi-même　わたし自身

ménage

[menaʒ メナージュ] 名 男

家事

Rika n'aime pas faire le *ménage*.

リカは家事をするのが好きじゃありません。

menu

[məny ムニュ] 名 男

定食、コース

Je prendrai le *menu* à 16 euros.

わたしは16ユーロの定食をお願いします。

♥ menu とはコース料理のことで、前菜（entrée）、主菜（plat）、デザート（dessert）をそれぞれ決まった料理何点かから選ぶものです。日本で言うメニューは carte です。

message

[mesaʒ メサージュ] 名 男

メッセージ

Vous voulez laisser un *message* ?

メッセージを残しますか？

Je voudrais ...
... ce soir.

mesurer

[məzyre ムジュレ]　動

身長が…である、…の長さがある

Paul, combien est-ce que tu *mesures* ?
ポール、身長はどれぐらいあるの？

— Je *mesure* un mètre quatre-vingt-quatre.
—ぼくの身長は1メートル84センチだよ。

métier

[metje メティエ]　名 男

職業、仕事

Jean, quel *métier* est-ce qu'il fait, ton père ?
ジャン、お父さんの職業はなんなの？

— Il est ingénieur.
—エンジニアだよ。

mètre

[mɛtr メートル]　名 男

メートル

La station de métro n'est pas loin,
elle est à cinquante *mètres* d'ici.
地下鉄の駅は遠くありません。ここから50メートルです。

métro [metro メトロ] 名男

地下鉄

Ils sont allés à l'Opéra en *métro*.
彼らは地下鉄に乗ってオペラ座に行きました。

mettre [mɛtr メートル] 動
mis 過分 [mi ミ]

置く；入れる；着る、身につける ➡ 500

Voulez-vous *mettre* du lait dans votre café ?
コーヒーにミルクは入れますか。

Hélène *a mis* une robe blanche pour sortir.
エレーヌは外出するために白いワンピースを着ました。

meuble [mœbl ムーブル] 名男

家具

Mme Marceau aime les *meubles* modernes.
マルソー夫人はモダンな家具が好きです。

M

meublé, e [mœble ムブレ] 形

家具つきの

Rika habite un studio *meublé*.

> リカは家具つきのワンルームマンションに住んでいます。

Midi [midi ミディ] 固有 男

南フランス地方

Paul aime voyager dans le *Midi*.

> ポールは南フランスを旅行するのが好きです。

mieux [mjø ミュウ] 副

① [bien の比較級] **より上手に**

Paul danse *mieux* que Jean.

> ポールはジャンよりダンスが上手です。

◆ aller mieux 　（病気などが）よくなる

Le malade va *mieux*.

> 病人は具合が良くなっています。

② [bien の最上級] 《 le mieux 》 **もっとも上手に**

Parmi nous, c'est Isabelle qui danse *le mieux*.

> わたしたちのなかで、いちばんダンスが上手なのはイザベルです。

mignon, *ne*

[miɲɔ̃ ミニョン]
[miɲɔn ミニョンヌ]

形 男/女

かわいい

Je trouve Rika très ***mignonne***.

ぼくはリカがとてもかわいい子だと思う。

mince

[mɛ̃s マンス]

形

すらりとした

Isabelle est grande et ***mince***, mais pas maigre.

イザベルは背が高くて、すらっとしているけれど、やせてはいません。

mini jupe

[minijyp ミニジュップ]

名 女

ミニスカート

Rika aime porter des ***mini jupes***.

リカはミニスカートをはくのが好きです。

moderne

[mɔdɛrn モデルヌ]

形

近代的な、モダンな；現代の

Les Marceau habitent un appartement ***moderne***.

マルソー一家はモダンなマンションに住んでいます。

M

moi [mwa モワ] 人代

① [強勢形] わたし →500

② [肯定命令文中の目的語] わたしを、わたしに →500

Excusez-***moi***.
ごめんなさい。

Excusez-moi.

Donnez-***moi*** du pain, s'il vous plaît.
パンをいただけますか。

moins [mwɛ̃ モワン] 形/名男

① 副 より少なく、…ほど…でない →500

② 副 [最上級]《 le (la, les) moins + 形容詞 》もっとも…ない

Virginie est ***la moins*** grande de la classe.
ヴィルジニーはクラスでいちばん背が低い。

◆ au moins　少なくとも

Cette jupe coûte ***au moins*** 600 euros.
そのスカートは少なくとも600ユーロはするわね。

◆ du moins　少なくとも、とにかく

Rika a beaucoup travaillé, ***du moins*** elle le dit.
リカはとっても勉強した、少なくとも自分ではそういっている。

monde　[mɔ̃d　モンド]　名 男

世界；人びと、群衆

Cette actrice est connue dans le *monde* entier.
その女優は世界中で知られています。

Il y a beaucoup de *monde* dans le parc.
公園はたいへんな人出です。

◆ tout le monde　みんな
Rika est aimée de *tout le monde*.
リカはみんなから愛されています。

monnaie　[mɔnɛ　モネ]　名 女

小銭、硬貨

Claude, tu as de la *monnaie* ?　クロード、小銭ある？

Gardez la *monnaie*, s'il vous plaît.
お釣りはとっておいてください。(タクシーの運転手などに)

montrer　[mɔ̃tre　モントレ]　動

見せる

Madame, *montrez*-moi le pull qui est dans la vitrine, s'il vous plaît.
すみません、ショーウインドーのセーターを見せてください。

M

mort [mɔr モール] 名女

死

Claude m'a appris la ***mort*** de son cousin.
クロードはわたしに彼のいとこが死んだと教えてくれた。

moto [moto モト] 名女

オートバイ、バイク

mourir [murir ムリール] 動
mort 過分 [mɔr モール]

死ぬ

Mon chien ***est mort*** il y a trois semaines.
ぼくのイヌは3週間前に死んだのだよ。

moustache [mustaʃ ムスターシュ] 名女

口ひげ

M. Marceau porte une ***moustache***.
マルソーさんは口ひげを生やしています。

mur

[myr ミュール] 名 男

壁

Isabelle a mis un tableau au ***mur***.
イザベルは壁に絵をかけました。

musicien, *ne*

[myzisjɛ̃ ミュジシアン]
[myzisjɛn ミュジシェンヌ] 名 男/女

音楽家、ミュージシャン

Mon ami Paul est ***musicien***.
わたしの友達のポールはミュージシャンです。

nager [naʒe ナジェ] 動

泳ぐ

Claude aime ***nager***.
クロードは泳ぐのが好きです。

naître [nɛtr ネートル] 動
né 過分 [ne ネ]

生まれる

Paul ***est né*** à Paris.
ポールはパリ生まれです。

natation [natasjɔ̃ ナタシオン] 名女

水泳

◆ faire de la natation　水泳をする、泳ぐ

Deux fois par semaine, Isabelle va à la piscine pour ***faire de la natation***.
週に2回、イザベルはプールに行って泳ぎます。

nationalité [nasjɔnalite ナシオナリテ] 名女

国籍

De quelle ***nationalité*** est-il ?
彼の国籍はなんですか？

— Il est de ***nationalité*** japonaise.
― 彼は日本国籍です。

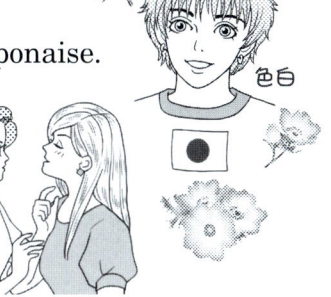

nature [natyr ナテュール] 名女

自然

Paul veut vivre en pleine ***nature***.
ポールは自然に囲まれて暮らしたいと思っています。

naturel, *le* [natyrɛl ナテュレル] 形

自然の、当然の

Virginie ne mange presque pas.
C'est donc ***naturel*** qu'elle maigrisse.
ヴィルジニーはあまり食べない。
やせるのは当然だよ。

ne (n')

[nə ヌ]　　副

① **…ない**（以下のかたちで否定表現になります）

《 ***ne*** ... pas 》　　…でない
《 ***ne*** ... plus 》　　もう…でない
《 ***ne*** ... jamais 》　　決して…でない
《 ***ne*** ... personne 》　だれも…でない
《 ***ne*** ... rien 》　　なにも…でない
《 ***ne*** ... ni A ni B 》　AもBも…ない

② ［強調］

《 ***ne*** ... que ～ 》　ただ～だけが…だ、～しか…ない

nécessaire

[nesesɛr ネセセール]　　形

必要な

Il est ***nécessaire*** de partir tôt demain matin.
　　明日の朝は早く出発しなければなりません。

neige [nɛʒ ネージュ] 名女

雪

La *neige* a commencé à tomber.
雪が降り始めました。

neiger [neʒe ネジェ] 動

雪が降る［非人称動詞］

Hier, il *a neigé* toute la journée.
昨日は一日中雪でした。

n'est-ce pas ? [nɛspa ネスパ] 副句

じゃないですか？

C'est joli, *n'est-ce pas* ?
これきれいじゃないですか？

nettoyer [netwaje ネトワイエ] 動

きれいにする、掃除する、洗濯する

Ce matin, Rika *a nettoyé* la salle de bains.
今朝、リカは浴室を掃除しました。

N

| **neuf** | [nœf ヌフ] | 男 形 |
| **neuve** | [nœv ヌーヴ] | 女 |

新品の、新しい

Isabelle a acheté une voiture *neuve*.

イザベルは新車を買いました。

♥ voiture *neuve* は「新車」、nouvelle voiture は「新しく買った車」、voiture nouvelle は「新型車」という意味です。

Isabelle nous a montré sa nouvelle voiture.

(イザベルは今度買った車をわたしたちに見せてくれました。)

| **neveu** | [n(ə)vø ヌヴ] | 名 男 |
| **neveux** 複 | | |

甥（おい）

Paul est le *neveu* de Mme Marceau.

ポールはマルソー夫人の甥です。

| **ni** | [ni ニ] | 接 |

《 ne ... ni A ni B 》 AもBも…ない

Paul *n'*a *ni* frère *ni* sœur.

ポールには兄弟も姉妹もいない。

nièce [njɛs ニエス] 名女

姪（めい）

Hélène est la ***nièce*** de M. Dumont.
エレーヌはデュモン氏の姪です。

nombre [nɔ̃br ノンブル] 名男

数字、数

nord [nɔr ノール] 名男

北（⇔sud　南）

Lille est au ***nord*** de la France.
リールはフランスの北にあります。

note [nɔt ノート] 名女

メモ、ノート；勘定書

Rika a pris ***note*** du numéro de téléphone d'Isabelle.
リカはイザベルの電話番号を書きとめました。

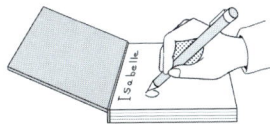

nous [nu ヌ] 人代

① [主語] わたしたちは ➡ 500

② [強勢形] わたしたち ➡ 500

③ [直接目的語] わたしたちを;[間接目的語] わたしたちに

nouvelle [nuvɛl ヌヴェル] 名女

ニュース

Tu connais la *nouvelle* ? Isabelle va se marier.
このニュース知ってる? イザベルが結婚するんだ。

nuage [nɥaʒ ニュアージュ] 名男

雲

numéro [nymero ニュメロ] 名男

番号

Votre *numéro* de chambre, s'il vous plaît.
あなたのお部屋番号お願いします。(ホテルで)

obéir [ɔbeir オベイール] 動
obéi 過分 [ɔbei オベイ]

…にしたがう、…のいうことをきく

Virginie n'*obéit* pas tellement à sa mère.
ヴィルジニーはあまりお母さんのいうことをききません。

occasion [ɔkazjɔ̃ オカジオン] 名 女

機会

◆ avoir l'occasion de ＋ 不定詞　…する機会をもつ

Jean, tu *as l'occasion de* parler japonais ?
ジャン、日本語をしゃべる機会ってある？

occupé, e [ɔkype オキュペ] 形

忙しい；（席などが）ふさがっている、使用中の（⇔ libre）

Paul, tu es libre ce soir ?　ポール、今晩ひま？
— Désolé, je suis *occupé*.　—悪いけど、忙しいんだ。

C'est libre ?　この席空いてますか？
— Non, c'est *occupé*.　—いいえ、ふさがってます。

《 Occupé 》「使用中」（トイレなど）

occuper　　[okype オキュペ]　　動

占める（場所などを）、使う（部屋などを）

Virginie *occupe* la chambre la plus petite.
　　ヴィルジニーはいちばん小さな部屋をつかっています。

œuf　　[œf ウフ]　　名 男
œufs 複　　[ø ウ]

たまご

Je voudrais une douzaine d'*œufs*.
　　たまごを1ダース欲しいのですが。

œuf dur　ゆでたまご

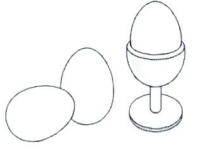

💙 œufは単数形では [ウ]、複数形では [ウフ] と発音します。

offrir　　[ɔfrir オフリール]　　動
offert 過分　　[ɔfɛr オフェール]

贈る、プレゼントする；おごる

Je lui *ai offert* un livre.
　　わたしは彼女に本を1冊プレゼントしました。

oignon [ɔɲɔ̃ オニョン] 名男

タマネギ

J'ai pris une soupe à l'*oignon*.
わたしはオニオンスープを食べました。

omelette [ɔmlɛt オムレット] 名女

オムレツ

Claude adore l'*omelette* au fromage.
クロードはチーズオムレツが大好きです。

oncle [ɔ̃kl オンクル] 名男

おじ（⇔ tante **おば**）

M. Dumont est l'*oncle* d'Hélène.
デュモン氏はエレーヌのおじです。

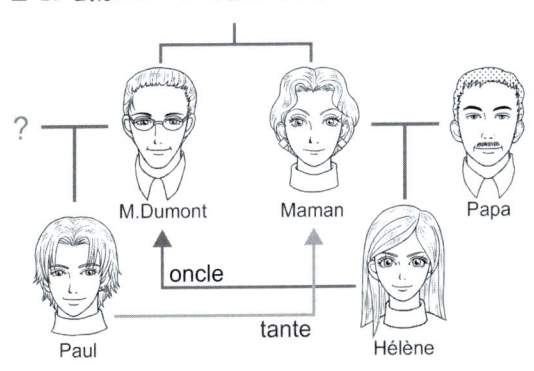

opéra [ɔpera オペラ] 名 男

オペラ；歌劇場、オペラ座

M. et Mme Poulet aiment l'*opéra*.
プーレ夫妻はオペラが好きです。

l'Opéra de Paris　パリ・オペラ座

orange [ɔrɑ̃ʒ オランジュ] 名 女

オレンジ

Tous les matins,
Virginie boit un verre de jus d'*orange*.
毎朝、ヴィルジニーはコップ1杯のオレンジジュースを飲みます。

où [u ゥ] 疑副／関代

① 疑副 どこに　　　　　　　　　　　　　→ 500

② 関代 [先行詞は場所や時間]

La ville *où* Isabelle habite, c'est Lyon.
イザベルが住んでいる街はリヨンです。

Au moment *où* Paul sortait, Rika est arrivée.
ポールが出かけようとしたときに、リカがきました。

oublier [ublije ウブリエ] 動

忘れる

J'**ai oublié** son nom.
わたしは彼［彼女］の名前を忘れた。

N'**oubliez** pas de me téléphoner demain.
あしたわたしに電話するのを忘れないでください。

ouest [wɛst ウエスト] 名 男

西（⇔ est 東）

Cherbourg est à l'**ouest** de la France.
シェルブールはフランスの西部にあります。

ouvrir [uvrir ウヴリール] 動
ouvert 過分 [uvɛːr ウヴェール]

開ける（⇔ fermer）；**開く**　　➡ 500

Rika **a ouvert** la fenêtre.
リカは窓を開けた。

Ce magasin **ouvre** même le dimanche.
その店は日曜日もやっている。

P

page [paʒ ページ] 名女

ページ

Ouvrez votre livre à la *page* cinquante-huit.
　本の58ページを開きなさい。

panne [pan パンヌ] 名女

故障

Ma voiture est en *panne*.
　ぼくの車は故障しているんだ。

《 EN PANNE 》「故障中」

pantalon [pɑ̃talɔ̃ パンタロン] 名男

ズボン、スラックス

Ce *pantalon* te va très bien.
　そのスラックスあなたにとても似合うわね。

papier　[papje パピエ]　名 男

紙；書類；(複数形で) 身分証明書

Donnez-moi du ***papier*** à lettres.
レターペーパーください。

Vos ***papiers***, s'il vous plaît.
身分証明書を見せてください。

paquet　[pake パケ]　名 男

小包；包み、パック

Je voudrais envoyer par avion ce ***paquet*** au Japon.
この小包を航空便で日本に送りたいのですが。

par　[par パール]　前

① [手段] …で、…を使って　→ 500

② …につき　→ 500

Ils font du tennis deux fois ***par*** semaine.
彼らは週に2度テニスをします。

③ …を通って、…から

Rika, entre ***par*** là.　リカ、そこから入ってらっしゃい。

次ページも要チェック

④ ［受動態の動作主を示す］…によって、…から

Nous sommes invités à dîner *par* M. et Mme Vincent.
　　わたしたちはヴァンサン夫妻から夕食に招待されています。

paraître　　　［ parɛtr パレートル ］　動
paru 過分　　　［ pary パリュ ］

…のように見える

Votre mère *paraît* très jeune.
　　あなたのお母様はとても若く見えますね。

parapluie　　　［ paraplɥi パラプリュイ ］　名 男

雨傘

Tiens !　Il pleut. Ouvre ton *parapluie*.
　　おや、雨がふっているよ。傘をさしなさい。

parc　　　［ park パルク ］　名 男

公園；庭園

Ils se promenaient souvent dans ce *parc*.
　　彼らはよくその公園を散歩したものです。

pareil, le   [parɛj パレイユ]   形

同じ、似たような；このような、そんな

Nos robes sont **pareilles**.
わたしたちのワンピースは同じね。

Pourquoi sors-tu à une heure **pareille** ?
どうしてこんな時間に外出するの？

parfait, e   [parfɛ パルフェ] [parfɛt パルフェット]   形 男/女

完全な

Votre travail est **parfait**.   あなたの仕事は完璧です。

◆ Parfait !   よろしい、わかった

Tu ne viens pas avec moi ?
Parfait ! Je sors tout seul.
きみはぼくといっしょに来ないの？
わかったよ。ひとりで出かけるよ。

parfois   [parfwa パルフォワ]   副

ときには、ときたま

Parfois je pense à mes souvenirs d'enfance.
ときおりわたしは子供時代のことを考えます。

parfum　　[parfœ̃ パルファン]　　名 男

香水；香り；（アイスクリームなどの）風味、フレーバー

Isabelle se met du ***parfum*** avant de sortir.
　イザベルは出かける前に香水をつけます。

Quel ***parfum*** ?
　なに味がいいですか？

— Vanille, s'il vous plaît.
　― バニラをお願いします。

parler　　[parle パルレ]　　動

話す、しゃべる　　➡ 500

◆ parler à ...　（人）に話す

Allô, je voudrais ***parler*** à Jean.
　もしもし、ジャンをお願いします。（電話で）

◆ parler de ...　…について話す

De quoi ***parlez***-vous ?
　きみたちはなんの話をしているの。

— Nous ***parlons de*** l'examen.
　― 試験の話をしているんだよ。

De qui ***parlez***-vous ?
　きみたちは誰の話をしているの。

— Nous ***parlons de*** la sœur de Jean.
　― ジャンのお姉さんのことを話しているんだよ。

parmi

[parmi パルミ]　　前

…のなかで；…のあいだで

Parmi nous, c'est Paul qui est le plus grand.

わたしたちのなかで、背がいちばん高いのはポールです。

♥parmi は3つ以上のものについて用います。2つの場合は entre。

part

[par パール]　　名 女

部分；分け前

Rika, coupe cette tarte en six et prends une ***part***.

リカ、そのタルトを6つに切って、ひとつとりなさい。

◆ de la part de ...　　（人）からの

C'est un cadeau ***de la part*** de mes parents.

これはわたしの両親からのプレゼントです。

C'est ***de la part*** de qui ?

どちら様ですか？（電話で）

◆ quelque part　　どこかで

J'ai déjà vu cette dame ***quelque part.***

わたしはあの婦人をどこかで見かけた。

partie [parti バルティ] 名女

① 部分

La musique est une grande ***partie*** de ma vie.

音楽はぼくの生活の大きな部分を占めている。

② 試合

Hier nous avons fait une ***partie*** de tennis.

きのうわたしたちはテニスの試合をしました。

partout [partu バルトゥ] 副

いたるところに〔で〕、あちらこちら

Rika, on t'a cherchée ***partout***.

リカ、あちこち探したぞ。

pas [pɑ バ] 副

① [否定:ne とともに] …でない → 500

Tu n'as **pas** pris ton déjeuner ?
　昼食を食べていないの?

② [主語・動詞・ne を省略して]

Pas possible. (= Ce n'est pas possible.)　まさか。

◆ Pas de problème.　問題ない。

Est-ce que je peux garder ce livre jusqu'à demain ?
　この本をあしたまで借りていていいですか?

— Oui, ***pas de problème***.
　— ええ、問題ありません。

◆ Pas du tout.　全然。

Rika, tu parles anglais ?
　リカ、英語はしゃべれる?

— ***Pas du tout***.
　— 全然。

英語も★◆▲　　　　　　　　　　　　方向オンチ

passer [pase パセ] 動

① 通る、通過する；立ち寄る → 500

Demain, je **passerai** chez toi.

あした、あなたの家に寄るね。

② (時間を) 過ごす → 500

Rika, tu **as passé** de bonnes vacances ?

リカ、バカンスは楽しかった？

③ 手渡す；(人を電話に) 出す

Paul, **passe**-moi le sel, s'il te plaît.

ポール、塩をとってくれない。

Allô, Jean ? C'est moi, Isabelle. Maman est là ?

もしもし、ジャン？ あたしよ、イザベルよ。ママはいるかしら？

— Oui, je te la **passe**.

—うん、かわるよ。

◆ se passer 代動 起こる

Qu'est-ce qui **se passe** ?

どうしたの、なにがあったのですか？

patience [pasjɑ̃s パシアンス] 名女

忍耐、我慢、辛抱強さ

Un peu de *patience* !　　もう少し辛抱しなさい。

pâtisserie [pɑtisri パティスリ] 名女

ケーキ屋（店）

Hélène, tu as acheté ces gâteaux dans quelle *pâtisserie* ?
エレーヌ、このケーキ、どこのケーキ屋で買ったの？

payer [peje ペイエ] 動

払う、支払う

Hélène, tu *as payé* combien pour ta robe ?
エレーヌ、そのワンピースにいくら払ったの？

— J'*ai payé* 350 euros.
ー350ユーロよ。

pays [pei ペイ] 名男

国、祖国

Paul a visité beaucoup de *pays*.
ポールはたくさんの国に行った。

P

paysage [peizaʒ ペイザージュ] 名 男

風景、景色

Regarde ! C'est un ***paysage*** magnifique.
見てよ！すばらしい景色よ。

peindre [pɛ̃dr パーンドル] 動
peint 過分 [pɛ̃ パン]

① **ペンキを塗る**

Je vais ***peindre*** les murs en bleu.
わたしは壁を青く塗るつもりです。

② **絵を描く**

Quel joli tableau ! Virginie, c'est toi qui l'***a peint*** ?
なんてきれいな絵かしら！ヴィルジニー、これあなたが描いたの？

peine [pɛn ペーヌ] 名女

苦しみ

◆ Ce n'est pas la peine.　それにはおよびません。

Tu veux que je t'aide ?
　てつだおうか？

— Non, ***ce n'est pas la peine***.
　—いいえ、だいじょうぶよ。

peintre [pɛ̃tr パーントル] 名

ペンキ屋；画家

Virginie veut être ***peintre***.
　ヴィルジニーは画家になりたいと思っています。

peinture [pɛ̃tyr パンチュール] 名女

① **ペンキ；塗料**

《 PEINTURE FRAÎCHE 》「ペンキ塗りたて」

② **絵画**

Paul est allé voir une exposition de ***peinture***.
　ポールは絵画展を見に行きました。

penser

[pɑ̃se パンセ]　動

① (à ことを) 考える　→ 500

Rika, à quoi ***penses***-tu ?

　リカ、なにを考えているんだい？

— Je ***pense*** au dessert du dîner.

　—夕食のデザートのことを考えているの。

② 《 penser que ... 》 …だと思う

Que penses-tu de ce tableau ?

　この絵をどう思う？

— Je ***pense qu***'il est magnifique.

　—とてもすばらしいと思うわ。

perdre
perdu 過分

[pɛrdr(ə) ペルドル]　動

[pɛrdy ペルデュ]

失う、なくす

Hier, j'***ai perdu*** ma montre.

　きのう、わたしは腕時計をなくしました。

permettre [pɛrmɛtr ペルメートル] 動
permis 過分 [pɛrmi ペルミ]

許す

Tu peux me ***permettre*** de fumer ?
たばこすってもいい？

personne [pɛrsɔn ペルソンヌ] 名 女

① **人** ➡ 500

Bonjour, vous avez une chambre ?
こんにちは、部屋はありますか？（ホテルのフロントで）

— Pour combien de ***personnes*** ? — 何名様ですか？
— Pour quatre ***personnes***. — 4人です。

② 《 ne ... personne 》 **だれも…ない**

Il ***n***'y avait ***personne*** dans la classe.
教室にはだれもいなかった。

peser [pəse プゼ] 動

…の重さがある

Cette valise ***pèse*** trente kilos.
このスーツケースは30キロあります。

P

peu [pø プ] 副

あまり…でない、ほとんど…ない

Jean parle ***peu***.   ジャンはあまりしゃべりません。

◆ peu de ... あまり［ほとんど］…ない

Isabelle mange ***peu de*** viande.
　　イザベルはほとんど肉を食べません。

◆ un peu 少し ➡ 500

Rika a ***un peu*** trop mangé. リカは少し食べ過ぎました。

◆ un peu de ... 少しの…

Paul a mis ***un peu de*** sucre dans son café.
　　ポールはコーヒーに少しの砂糖を入れました。

◆ peu à peu 少しずつ

Peu à peu, Rika fait des progrès en français.
　　少しずつ、リカはフランス語ができるようになっています。

peut-être [pøtεtr プテートル] 副

もしかすると

Il pleuvra ***peut-être*** demain.
　　明日は雨になるかもしれない。

▽ 「たぶん」は sans doute。

pharmacie [farmasi ファルマシィ] 名女

薬局

Il y a une *pharmacie* près d'ici ?
　この近くに薬局はありますか？

photo [fɔto フォト] 名女

写真

Isabelle nous a montré la *photo* de son fiancé.
　イザベルはわたしたちにフィアンセの写真を見せてくれました。

◆ faire des photos　写真を撮る

Son fiancé *fait des photos* en Afrique.
　彼女のフィアンセはアフリカで写真を撮っています。

photographe [fɔtɔgraf フォトグラフ] 名

カメラマン、写真家

Le fiancé d'Isabelle, Marcel, est *photographe*.
　イザベルのフィアンセのマルセルはカメラマンです。

P

photo(graphie) [fɔtɔgrafi フォトグラフィー] 名女

写真

Demain, nous irons voir l'exposition de ***photo(graphies)*** de Marcel.
あした、わたしたちはマルセルの写真展を見に行きます。

pianiste [pjanist ピアニスト] 名

ピアニスト

Paul est ***pianiste*** et chanteur.
ポールはピアニストで歌手です。

piano [pjano ピアノ] 名男

ピアノ

Paul chante en jouant du ***piano***.
ポールはピアノを弾きながら歌います。

pièce [pjɛs ピエス] 名女

部屋；パーツ

Mon appartement a trois ***pièces***.
わたしのマンションは3部屋です。

pied

[pje ピエ] 名 男

足 ➡ 500

◆ à pied 歩いて

C'est loin d'ici ?
　それはここから遠いのですか？

— Non, cinq minutes ***à pied***.
　—いえ、歩いて5分です。

pierre

[pjɛr ピエール] 名 女

石

Leur maison de campagne est en ***pierre***.
　彼らの別荘は石造りです。

piscine

[pisin ピシーヌ] 名 女

プール

Tous les samedis, Rika va à la ***piscine***.
　毎週土曜日、リカはプールに行きます。

place [plas プラース] 名女

① (乗り物・劇場などの) 座席　② 広場　　→ 500

◆ à la place (de ...)　(…の) かわりに

Jean, tu peux aller faire les courses *à ma place* ?
ジャン、わたしのかわりに買い物に行ってくれない？

plage [plaʒ プラージュ] 名女

浜辺、ビーチ

Dans l'après-midi, on est allés à la *plage* pour se baigner.
午後、わたしたちはビーチに行って泳ぎました。

plaire [plɛr プレール] 動
plu 過分 [ply プリュ]

(à の) 気に入る

Cette robe *plaît* beaucoup à Rika.
リカはこのワンピースがとても気に入ってます。

Ce plat ne m'*a* pas *plu*.
ぼくはその料理は気に入らなかった。

◆ s'il vous plaît, s'il te plaît　どうぞ、お願いします
♥ vous で話す相手には s'il vous plaît,
　tu で話す相手には s'il te plaît.

L'addition, ***s'il vous plaît***.　お勘定お願いします。

Qu'est-ce que tu prends, du café ou du thé ?
　　コーヒーにする、それとも紅茶がいい？

— Du café, ***s'il te plaît***.
　　— コーヒーをたのむよ。

plan　　　[plɑ̃　プラン]　　　名 男

① **地図**

Paul, tu as un ***plan*** de Paris ?
　　ポール、パリの地図もってる？

② **計画、プラン**

Quel ***plan*** est-ce que vous avez pour cet été ?
　　この夏にはどんなプランをおもちですか。

plat　　　[pla　プラ]　　　名 男

料理、メインディッシュ

Et qu'est-ce que vous prenez comme ***plat*** ?
　　それでメインディッシュはなににになさいますか？

plat du jour　**本日のおすすめ料理**

plein, e

[plɛ̃ プラン]
[plɛn プレーヌ]

形 男/女

いっぱいの

Cet hôtel est *plein*.
> そのホテルは満員です。

Virginie a une boîte *pleine* de jouets.
> ヴィルジニーはおもちゃでいっぱいの箱をもっています。

◆ en plein soleil　日差しがいっぱいだ

Cette chambre est *en plein soleil*.
> その部屋は陽がよくあたる。

pleuvoir
plu 過分

[pløvwar プルヴワール]
[ply プリュ]

動

雨が降る [非人称動詞]

Hier, il *a plu* toute la journée.
> きのうは一日中雨でした。

pluie

[plɥi プリュイ]

名 女

雨

Tu vas sortir avec cette *pluie* ?
> この雨のなかをきみは出かけるのかい？

plus [ply ブリュ] 副

① 《 ne ... plus 》 もう…ない　　→ 500

Nous ***n'*** avons ***plus*** de beurre. Il faut en acheter.
もうバターがないわ。買わなきゃ。

② より多く ; より…だ

Cet hôtel est ***plus*** près de la gare que l'autre.
このホテルはもう1軒のホテルよりも駅に近い。

③ [最上級]《 定冠詞＋ plus ＋形容詞・副詞 》もっとも…

C'est Paul qui est ***le plus*** grand.
1番背が高いのはポールです。

◆non plus　同様に…でない

Je n'ai pas faim, moi ***non plus***.
わたしもおなかすいてないわ。

plusieurs [plyzjœr プリュジュール] 不形／不代

① 不形 いくつもの、何人もの

Il y a ***plusieurs*** robes qui me plaisent.
気に入ってるワンピースがいくつもあるのよ

② 不代 数個、数人の人

P

plutôt [plyto プリュト] 副

むしろ

Venez ***plutôt*** demain soir.
むしろあしたの夜おいでください。

poche [pɔʃ ポッシュ] 名 女

ポケット

Paul a mis son portefeuille dans sa ***poche***.
ポールは財布をポケットに入れました。

point [pwɛ̃ ポワン] 名 男

点

C'est un ***point*** très important.
それがとても大切な点です。

poisson [pwasɔ̃ ポワソン] 名 男

魚

Aujourd'hui, je ne veux pas manger de ***poisson***.
今日、わたしは魚を食べたくない。

poivre [pwavr ポワーヴル] 名男

コショウ

Tu mets du *poivre* ?
コショウをかける？

police [pɔlis ポリース] 名女

警察

Il faut appeler la *police*.
警察を呼ばなければならない。

policier [pɔlisje ポリシエ] 男
policière [pɔlisjɛr ポリシエール] 形 女

警察の

roman policier　推理小説

pomme de terre [pɔmdətɛr ポムドゥテール] 名女

ジャガイモ

pommes frites　フライドポテト

pont

[pɔ̃ ポン]　名 男

橋

Pour aller au musée, traversez ce ***pont***.

美術館に行くには、あの橋を渡りなさい。

port

[pɔr ポール]　名 男

港

Le bateau va arriver au ***port***.

船はまもなく港につきます。

portefeuille

[pɔrtəfœj ポルトフゥィユ]　名 男

財布

Rika a oublié son ***portefeuille*** dans sa chambre.

リカは部屋に財布を忘れました。

porter

[pɔrte ポルテ] 動

もつ；(服・装身具などを) 着ている、身につけている

Jean *porte* sa serviette de la main droite.

ジャンは右手にブリーフケースをもっています。

Hélène *porte* un pull jaune et une jupe longue.

エレーヌは黄色いセーターを着て、ロングスカートをはいています。

portrait

[pɔrtrɛ ポルトレ] 名 男

ポートレート、肖像画、肖像写真

C'est le *portrait* de ma grand-mère.

これはわたしの祖母のポートレートです。

poser

[poze ポゼ] 動

置く

Paul *a posé* le livre sur la table.

ポールは本をテーブルの上に置きました。

possibilité [pɔsibilite ポシビリテ] 名女

可能性；可能なこと

Il y a deux ***possibilités*** : on va au cinéma ou on va danser. C'est toi qui choisis.

> できることはふたつある。映画に行くか、踊りに行くかだ。きみが選んでよ。

possible [pɔsibl ポシーブル] 形

可能な、できる　　➡ 500

Viens avec nous, si ***possible***.

> もしできれば，ぼくたちといっしょにおいでよ。

明日テスト？

◆ le plus tôt possible　できるだけ早く

Faites-nous savoir la date de votre départ ***le plus tôt possible***.

> ご出発の日取りをできるだけ早くわたしたちにお知らせください。

potage

[pɔtaʒ ポタージュ] 〔名〕〔男〕

ポタージュ；スープ

Paul a commandé un ***potage*** comme entrée.
ポールはアントレにポタージュを注文した。

potage aux légumes　野菜スープ

poulet

[pulɛ プレ] 〔名〕〔男〕

鶏肉

Pour le dîner, je veux manger du ***poulet***.
夕食にわたしは鶏肉を食べたいな。

poupée

[pupe プペ] 〔名〕〔女〕

人形

Rika, on va jouer à la ***poupée***.
リカ、人形遊びしようよ。

pour [pur プール] 前

① **…のために（の）; …するために** → 500

Madame, ***pour*** aller à la poste, s'il vous plaît.
すみません、郵便局への道を教えてください。

② **…に向かって; …行きの** → 500

Je voudrais réserver deux places ***pour*** Rome.
ローマまでの座席を2枚予約したいのですが。

③ **…にとって; …に対して** → 500

Cette robe est trop grande ***pour*** toi.
このワンピースはあなたには大きすぎるわよ。

④ **…の予定で; …の期間**

Paul, c'est ***pour*** quand, ton voyage ?
ポール、あなたの旅行はいつの予定なの。

Tu pars ***pour*** combien de temps ?
どれくらいのあいだいってるの？

— ***Pour*** dix jours.
― 10日間だよ。

⑤ **…に賛成の（⇔ contre ... …に反対の）**

Je suis ***pour*** ce plan.　わたしはその計画に賛成よ。

pousser

[puse プセ] (動)

押す

Ne ***poussez*** pas !
　押さないでください。

pouvoir
pu (過分)

[puvwar プヴワール] (動)
[py ピュ]

① …できる　　　　　　　　　　　　→ 500

Aujourd'hui Paul n'***a*** pas ***pu*** se baigner, parce qu'il avait pris froid.
　今日ポールは風邪をひいていたので、泳ぐことができなかった。

② …してもいい

Maman, je ***peux*** aller au cinéma ?
　お母さん、映画を見に行っていい？

P

pratique [pratik プラティック] 形

実用的な、便利な

Pour y aller, le métro est plus ***pratique***.
そこに行くには、地下鉄のほうが便利です。

préférer [prefere プレフェレ] 動

…をより好む；(à ... よりも) …の方が好きだ

Hélène ***préfère*** le thé au café.
エレーヌはコーヒーよりも紅茶の方が好きです。

prendre [prɑ̃dr プランドル] 動
pris 過分 [pri プリ]

① **食べる、飲む** → 500

Rika, qu'est-ce que tu ***a pris*** comme dessert ?
リカ、デザートはなにを食べたの？

— J'***ai pris*** un sorbet au citron.
—レモンのシャーベットよ。

② **乗る** → 500

Isabelle ***prend*** l'autobus pour aller à son bureau.
イザベルはバスに乗って会社に行きます。

③ 買う；借りる　　　　　　　　　　➡ 500

Cette jupe me plaît beaucoup.
Je la ***prends***.

> このスカートはとても気に入りました。
> これをいただきます。

④ （道を）進む　　　　　　　　　　➡ 500

Pour aller à la mairie, allez tout droit
et ***prenez*** la deuxième rue à gauche.

> 市役所に行くには、まっすぐにいって、
> ２番目の通りを左に曲がりなさい。

⑤ （休息・休暇などを）とる

Prenons dix minutes de repos.

> 10分間休憩をとりましょう。

⑥ （風呂に）はいる、（シャワーを）浴びる

Chaque matin, Paul ***prend*** une douche.

> ポールは毎朝シャワーを浴びます。

présenter　　　[prezɑ̃te　プレザンテ]　動

紹介する

Je te ***présente*** Rika, une amie japonaise.

> きみに、日本人の友達のリカを紹介するよ。

P

président [prezidɑ̃ プレジダン] 名 男

大統領

Ce matin, le ***président*** a parlé de ce problème à la télé.
今朝、大統領がテレビでその問題について話をした。

presque [prɛsk プレスク] 副

ほとんど

J'ai ***presque*** fini mon travail.
わたしはほとんど仕事は終わった。

prêt, e [prɛ プレ] [prɛt プレット] 形 男/女

支度ができた、用意ができた

Nous sommes ***prêts*** à partir.
わたしたちはいつでも出発できます。

À table ! Le dîner est ***prêt***.
テーブルについて！夕食の支度ができてるわ。

prêter [prete プレテ] 動

貸す

Jean, si c'est possible, ***prête***-moi ta voiture.
ジャン、もしできれば、きみの車を貸してよ。

prier [prije ブリエ] 動

頼む

Après vous, je vous en *prie*.
どうぞ、お先に。

pris, e [pri ブリ] [priz ブリーズ] 形 男女

予定がある、ふさがっている（prendre の過去分詞）

On va faire du tennis ?
これからテニスしない？

— Non, je suis *pris*.
— だめ、先約があるんだ。

prix [pri ブリ] 名 男

値段；賞

Je ne connais pas le *prix* de ces chaussures, mais elles doivent être très cher.
この靴の値段はわからないけど、
きっととても高いにちがいないわ。

P

problème [prɔblɛm プロブレム] 名・男

問題

C'est dur, ce ***problème*** de mathématiques !
むずかしいわ、この数学の問題!

profond, e [prɔfɔ̃ プロフォン] [prɔfɔ̃d プロフォンド] 形・男・女

深い

Fais attention, l'eau est très ***profonde*** ici.
気をつけて、ここは水が深いよ。

projet [prɔʒe プロジェ] 名・男

計画、予定、プラン

Rika et Hélène font des ***projets*** pour les vacances.
リカとエレーヌはバカンスの計画を立てています。

promenade [prɔm(ə)nad プロムナード] 名・女

散歩

Ils ont fait une ***promenade*** en voiture.
彼らはドライブをしました。

promener

[prɔm(ə)ne プロムネ] 動

（子供・イヌなどを）散歩させる

Virginie, va *promener* ton chien !
　ヴィルジニー、あなたのイヌを散歩させていらっしゃい。

◆ se promener　代動　散歩する

Paul *se promène* souvent dans ce parc.
　ポールはよくその公園を散歩します。

propre

[prɔpr プロプル] 形

清潔な、きれいな

Paul porte une chemise *propre*.
　ポールはきれいに洗ったシャツを着ています。

public
publique

[pyblik ピュブリック] 男/形/女

公共の

Il y a un jardin *public* derrière l'église.
　教会の裏に公園があります。

puis [pɥi ピュイ] 副

それから

Nous allons d'abord à la charcuterie, *puis* à la boulangerie.
> まず、肉屋さんに行って、それからパン屋さんに行きましょう。

puisque [pɥisk(ə) ピュイスク] 接

…だから、…である以上

Puisque je n'ai rien à faire, je viens avec toi.
> なんにもすることないから、あなたといっしょに行くわ。

pull [pyl ピュル] 名 男

セーター

Claude porte un *pull* bleu.
> クロードはブルーのセーターを着ています。

qualité   [kalite カリテ]   名女

質、品質

◆ de bonne qualité   良質の

Ce meuble est ***de bonne qualité***.
　この家具は質がいい。

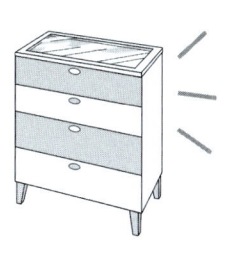

quand   [kɑ̃ カン]   疑副/接

① 疑副 **いつ**　　　　　　　　　　　　　　→ 500

② 接 **…するとき**

Quand Rika m'a téléphoné, je lisais un livre.
　リカが電話してきたとき、ぼくは本を読んでいた。

quand même   [kɑ̃mɛm カンメーム]   副句

それでも

Je suis fatiguée.
　わたし疲れてるの。

— Il faut ***quand même*** travailler.
　— それでも勉強しなければいけないよ。

quartier [kartje カルティエ] 名 男

(都市の) 地区、界隈

Dans quel *quartier* de Paris habitez-vous ?
パリのどの地区に住んでいるのですか？

que (qu') [kə ク] 疑代/関代/接

① 疑代 **なに** ➡ 500

② 関代 [直接目的語]

Le monsieur *que* nous avons rencontré tout à l'heure, c'est mon professeur de flûte.
さっきわたしたちが出会った人は、わたしのフルートの先生よ。

Rika porte les chaussures *qu'*elle a achetées en Italie.
リカはイタリアで買った靴をはいています。

Je ne comprends pas ce *que* tu m'as dit.
あなたがなんて言ったのかわからないわ。

③ 接 **…ということを**

Je crois *que* Rika arrivera en retard.
リカは遅刻してくると思うよ。

◆ 《 ne ... que 〜 》 〜しか…ない
Rika *n'*a *que* 20 euros.
リカは20ユーロしかもっていません。

quelque [kɛlk(ə) ケルク] 不形

[複数形で] いくつかの、何人かの

J'ai *quelques* questions. いくつか質問があるのですが。

quelqu'un, e [kɛlkœ̃ ケルカン] [kɛlkyn ケルキュヌ] 不代 男/女

だれか

Si *quelqu'un* me téléphone, tu diras que je rentre vers 18 heures.
もしだれかが電話してきたら、夕方の6時頃帰るといってね。

qui [ki キ] 疑代/関代

① 疑代 だれ　　　　　　　　　　　　　　　→ 500

Avec *qui* pars-tu en vacances ?
あなたはだれといっしょにヴァカンスに出発するの？

② 関代 [主語]

L'homme *qui* porte des lunettes, c'est mon cousin.
めがねをかけている人がわたしのいとこよ。

Passe-moi le livre *qui* est sur la table, s'il te plaît.
テーブルの上の本をとってくれない？

♥ que と qui の先行詞は「人」でも「もの」でもかまいません。

quitter

[kite キテ]   動

(人と) 別れる、(場所を) 去る

Ah ! Il est déjà 10 heures.
Je dois vous ***quitter***.

> ああ、もう10時だ。おいとましなければなりません。

◆ ne quittez pas
(電話で) 切らないでそのままお待ちください

Allô, ***ne quittez pas***.
Je vous passe M. Dumont.

> もしもし、お待ちください、
> デュモン氏にかわります。

quoi

[kwa クワ]   疑代

なに

Rika, tu aimes ***quoi*** comme sport ?

> リカ、スポーツはなにが好きなの？

De ***quoi*** parlez-vous ?

> あなたたちなんの話をしているの？

♥ quoi は文頭にくると Que になります。

raconter [rakɔ̃te ラコンテ] 動

語る、物語る

Paul nous *a raconté* son voyage aux États-Unis.
ポールはわたしたちにアメリカ旅行の話をしてくれました。

radio [radjo ラディオ] 名女

ラジオ

Jean conduisait en écoutant la *radio*.
ジャンはラジオを聞きながら運転していた。

raison [rɛzɔ̃ レゾン] 名女

理性；理由

◆ avoir raison　正しい、もっともだ（⇔ avoir tort　間違っている）

Je crois que Rika *a raison*.
ぼくはリカの言うとおりだと思うよ。

rappeler [rap(ə)le ラプレ] 動

思いださせる；ふたたび電話する

Rappelez-moi dans une heure, s'il vous plaît.
　1時間後にもう一度電話してください。

◆ se rappeler 代動 思いだす

Je ne *me rappelle* plus son nom.
　彼［彼女］の名前が思いだせない。

ravi, e [ravi ラヴィ] 形

大喜びしている

Je suis *ravi* de vous rencontrer.
　あなたにお会いできてとてもよろこんでいます。

recevoir [r(ə)səvwar ルスヴワール] 動
reçu 過分 [r(ə)sy ルスュ]

受け取る；(客を) 迎える

Aujourd'hui, Rika *a reçu* une lettre de ses parents.
　今日、リカは両親からの手紙を受け取りました。

Dimanche prochain, je *reçois* les Marceau à dîner.
　次の日曜日に、わたしはマルソーさん一家を夕食に招きます。

recommander [r(ə)kɔmãde ルコマンデ] 動

推薦する、すすめる

Je te *recommande* ce restaurant.
ぼくはきみにそのレストランを推薦するよ。

recommencer [r(ə)kɔmãse ルコマンセ] 動

ふたたび始まる；ふたたび…し始める

Le cours *recommence* à une heure.
授業は1時に再開されます。

reconnaître [r(ə)kɔnɛtr ルコネートル] 動
reconnu 過分 [r(ə)kɔny ルコニュ]

見覚え〔聞き覚え〕がある、それとわかる

Je ne l'ai pas *reconnue*.
ぼくは彼女がだれかわからなかった。

regretter [r(ə)grete ルグレテ] 動

残念に思う；後悔する

Je *regrette* de ne pas pouvoir venir avec vous.
あなた方といっしょにいけなくて残念です。

remarquer [r(ə)marke ルマルケ] 動

気がつく

Tu *as remarqué* sa nouvelle robe ?
彼女の新しいワンピースに気がついた？

remercier [r(ə)mɛrsje ルメルシエ] 動

感謝する、礼を言う

Je vous *remercie* pour votre cadeau.
プレゼントありがとうございます。

rencontrer [rɑ̃kɔ̃tre ランコントレ] 動

出会う

Hélène, tu *as rencontré* Rika ?
エレーヌ、リカに出会った？

— Oui, je l'*ai rencontrée* dans la rue.
— ええ、道であったわよ。

rendez-vous [rɑ̃devu ランデヴ] 名男

(会う) 約束；デート

◆ avoir rendez-vous avec ...　…と会う約束がある

Ce soir j'*ai rendez-vous avec* Paul à huit heures.

今夜わたしは8時にポールと会う約束になってるの。

rendre [rɑ̃dr ランドル] 動
rendu 過分 [rɑ̃dy ランデュ]

返す；…を…にする

Paul *a rendu* la voiture à Jean.

ポールはジャンに車を返しました。

Vos chansons nous *rendent* heureux.

あなたの歌はわたしたちを幸せにしてくれます。

réparer [repare レパレ] 動

修理する

Il faut *réparer* la porte.

ドアを修理しなければならない。

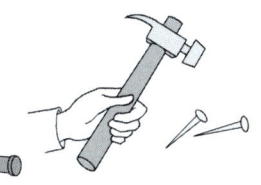

repas [r(ə)pɑ ルパ] 名 男

食事

Ils ont fait un bon *repas*.
　　彼らはおいしい食事をしました。

répéter [repete レペテ] 動

繰り返していう

Répétez après moi.
　　わたしの後について繰り返してください。

répondre [repɔ̃dr レポンドル] 動
répondu 過分 [repɔ̃dy レポンデュ]

答える；(電話に) 出る；返事を書く

Virginie, *réponds* vite au téléphone !
　　ヴィルジニー、早く電話にでなさい。

Rika *a répondu* à la lettre de ses parents.
　　リカは両親からの手紙に返事を書きました。

repos [r(ə)po ルポ] 名 男

休息、休憩

Paul, tu as besoin d'un peu de ***repos***.
ポール、あなた少し休息が必要よ。

reposer [r(ə)poze ルポゼ] 動

休息させる、休める

◆ se reposer 代動 休息する、休養する

Paul ***se repose*** dans sa maison de campagne.
ポールは別荘で休養をとっています。

reprendre [r(ə)prɑ̃dr ルプランドル] 動
repris 過分 [r(ə)pri ルプリ]

ふたたびとる、もっと食べる；再開する

Rika, tu peux ***reprendre*** de la viande.
リカ、肉をおかわりしていいよ。

réserver [rezɛrve レゼルヴェ] 動

予約する

J'*ai réservé* une chambre.
部屋を予約しているのですが。（ホテルのフロントで）

ressembler [r(ə)sɑ̃ble ルサンブレ] 動

(à に) 似ている

Hélène *ressemble* à sa mère ?
エレーヌって、お母さん似かなあ？

— Oui, elle lui *ressemble* beaucoup.
—そう、とてもよく似ているよ。

reste [rɛst レスト] 名 男

残り

Qu'est-ce qu'on fait le *reste* du temps ?
残りの時間はなにをする？

retard [r(ə)tar ルタール] 名男

遅れ

◆ en retard　遅れて

Dépêche-toi ! On va être ***en retard*** au rendez-vous.
　　急いで！　約束に遅れるよ。

retourner [r(ə)turne ルトゥルネ] 動

戻る、帰る

Rika, quand est-ce que tu ***retournes*** au Japon ?
　　リカ、きみはいつ日本に帰るの？

retrouver [r(e)truve ルトゥルヴェ] 動

ふたたび見いだす

◆ se retrouver　代動　落ち合う；再会する

Alors, on va ***se retrouver*** ici à cinq heures.
　　それじゃ、5時にここで落ちあおう。

réunion [reynjɔ̃ レユニオン] 名女

集まり、集会；会議

M. Dumont est en ***réunion***.
　　デュモン氏は会議中です。

R

réveiller　　[reveje レヴェイエ]　動

目を覚まさせる

◆ se réveiller　代動　目を覚ます、起きる

Rika *s'est réveillée* à six heures.

　リカは6時に目が覚めました。

revenir　　[r(ə)vənir ルヴニール]　動
revenu 過分　　[r(ə)vəny ルヴニュ]

帰ってくる、戻る

Demain, Paul *revient* d'Angleterre.

　あしたポールはイギリスから帰ってきます。

▼ revenir は話し手がいる場所に「帰ってくる」という意味。
　retourner は話し手が現在いない場所に「帰ってゆく」という意味。

revoir　　[r(ə)vwar ルヴォワール]　動
revu 過分　　[r(ə)vy ルヴュ]

ふたたび会う、再会する

◆ se revoir　代動　再会する

Quand est-ce qu'on *se revoit* ?

　こんどはいつ会おうか？

rideau [rido リドー] 名 男
rideaux 複

カーテン

Virginie, ferme les ***rideaux***, s'il te plaît.
ヴィルジニー、カーテンを閉めてくれない。

rire [rir リール] 動
ri 過分 [ri リ]

笑う

Nous ***avons*** beaucoup ***ri***.
わたしたちはよく笑いました。

rivière [rivjɛr リヴィエール] 名 女

川

Cet hôtel est au bord de la ***rivière***.
そのホテルは川沿いにあります。

roman
[rɔmɑ̃ ロマン] 名男

小説

Hélène lit un *roman* dans sa chambre.
エレーヌは部屋で小説を読んでいます。

rond, e
[rɔ̃ ロン]
[rɔ̃d ロンド] 形 男/女

丸い

Il y a une table *ronde* dans la chambre de Rika.
リカの部屋には丸いテーブルがあります。

rose
[roz ローズ] 名女

バラの花

Rika aime les *roses* rouges.
リカは赤いバラが好きです。

route
[rut ルート] 名女

(都市間を結ぶ) 道路、街道；道筋

Il y a eu un accident sur la *route*.
道で事故がありました。

sage [saʒ サージュ] 形

(子供が) おとなしい

Virginie, sois *sage* !
ヴィルジニー、おとなしくしなさい。

salade [salad サラッド] 名 女

サラダ

Rika, tu veux encore de la *salade* ?
リカ、もう少しサラダはいかが？

salon [salɔ̃ サロン] 名 男

応接間、居間；サロン

On va prendre le thé dans le *salon*.
居間で紅茶を飲みましょう。

sandwich [sɑ̃dwitʃ サンドイッチ] 名 男

サンドイッチ

J'ai mangé un *sandwich* au fromage.
わたしはチーズサンドを食べました。

sans　[sɑ̃ サン]　前

…なしに

Jean est sorti **sans** manteau.
> ジャンはコートも着ずにでていきました。

santé　[sɑ̃te サンテ]　名女

健康

À votre **santé** !
> あなたの健康を祝して！（乾杯の音頭で）

La promenade est bonne pour la **santé**.
> 散歩は健康にいい。

◆ être en bonne santé　**健康である**

Rika **est** toujours **en bonne santé**.
> リカはいつも健康です。

sauf　[sof ソフ]　前

…を除いて、…は別にして

Ouvert tous les jours, **sauf** le dimanche.
> 日曜日以外毎日営業。[掲示で]

savoir

su 過分

[savwar サヴワール]　動
[sy シュ]

知っている、知る；…することができる　➡ 500

Tu **sais** que Marcel est le fiancé d'Isabelle ?

マルセルがイザベルのフィアンセだって知ってる？

se (s')

[sə ス]　人代

自分自身を、自分自身に

Paul **s'**est réveillé à sept heures.

ポールは7時に目が覚めました。

On **se** verra dans une semaine.

1週間後に会いましょう。

Ils **se** téléphonent souvent.

彼らはよく電話をかけあっている。

💭 se は代名動詞で、三人称単数、複数に使われます。

second, e

[s(ə)gɔ̃ スゴン]　形　男
[s(ə)gɔ̃d スゴンド]　　　女

2番目の（= deuxième）

Un aller-retour Paris-Lyon en **seconde** classe, s'il vous plaît.

パリ・リヨンの2等車の往復切符が1枚欲しいのですが。

secret

[səkrɛ スクレ] 名 男

秘密

Parce qu'elle parle beaucoup, Rika ne peut pas garder un ***secret***.

リカはおしゃべりなので、
一つも秘密を守ることができません。

secrétaire

[s(ə)kretɛr スクレテール] 名

秘書

Isabelle est ***secrétaire*** dans une banque.

イザベルは銀行で秘書をしています。

sel

[sɛl セル] 名 男

塩

Rika a mis trop de ***sel*** dans la soupe.

リカはスープに塩を入れすぎました。

sembler [sɑ̃ble サンブレ] 動

…のように見える［思われる］

Tu *sembles* heureuse. あなた幸せそうね。

◆ il me semble que ... わたしには…のように思える

Il me semble que je l'ai déjà vu quelque part.
わたしは彼とどこかであったような気がします。

sens [sɑ̃s サンス] 名男

意味；方向；感覚

Quel est le *sens* de ce mot ?
この言葉の意味はなんですか？

《SENS UNIQUE》「一方通行」

sentir [sɑ̃tir サンティール] 動
senti 過分 [sɑ̃ti サンティ]

感じる；においをかぐ；においがする

Je *sens* qu'il va neiger. 雪になりそうな感じがする。
Cette rose *sent* bon. このバラはいい匂いがします。

◆ se sentir 代動 自分が…だと感じる

Vous ne *vous sentez* pas bien ?
気分が悪いのですか？

sérieux / sérieuse

[serjø セリュゥ]
[serjøz セリューズ]

形 男／女

まじめ、しっかりした、重大な

Le père de Jean est ***sérieux*** dans son travail.

ジャンのお父さんは仕事熱心だ。

service

[sɛrvis セルヴィス] 名 男

手助け；サービス、サービス料

Paul, je peux te demander un petit ***service*** ?

ポール、ちょっと頼みたいことがあるんだけど。

Le ***service*** est compris ?

サービス料はこみですか？（レストランなどで）

serviette

[sɛrvjɛt セルヴィエット] 名 女

書類カバン、ブリーフケース；ナプキン；タオル（= 〜 de toilette)

Jean porte une ***serviette*** de la main gauche.

ジャンは左手にブリーフケースをもっています。

serviette en papier　　紙ナプキン

servir
servi 過分

[sɛrvir セルヴィール]　動
[sɛrvi セルヴィ]

① (料理などを) 出す、給仕する；(商人が客に) 応対する ➡ 500

Marcel nous ***a servi*** un très bon vin.
マルセルはわたしたちにとてもおいしいワインをごちそうしてくれました。

② (à …に) 役立つ；代わりを務める

Ça ne ***sert*** à rien.
それはなんの役にも立ちません。

seul, e
[sœl スゥル]　形

ひとり

Tu es la ***seule*** personne avec qui je puisse parler.
きみはぼくが話せるたったひとりの人だ。

Virginie, tu as fait ça toute ***seule*** ?
ヴィルジニー、それひとりでやったの？

seulement
[sœlmã スゥルマン]　副

ただ、だけ

Donne-moi ***seulement*** du café.
コーヒーだけちょうだい。

s

| **si** | [si シ] | 接/副 |

① 接 もし…ならば

S'il fait beau demain, on ira à la plage.
> もし明日天気なら、ビーチに行こう。

💙 接続詞の si は次に il, ils が来るときだけエリジオンして、s' になります。

② 接 …かどうか（間接疑問文のとき）

Je ne sais pas *si* Rika vient.
> リカが来るかどうか知らないよ。

③ 副 いいえ（否定疑問に対する答え）　　→ 500

Vous ne me comprenez pas ?
> わたしの言うことが分かりませんか？

— *Si*, je vous comprends.
> ーいいえ、分かります。

④ 副 《 si ... que 》とても…なので

Isabelle a parlé *si* vite *que* Rika n'a pas pu la comprendre.
> イザベルがあまりに早くしゃべりすぎたので、リカは彼女がなにを言っているのかわからなかった。

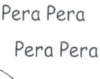

Pera Pera
Pera Pera

silence
[silɑ̃s シランス]　名 男

沈黙

Virginie, un peu de *silence*, s'il te plaît.
　ヴィルジニー、ちょっと静かにしてよ。

simple
[sɛ̃pl サンプル]　形

簡単な、単純な

C'est *simple* pour aller à Versailles.
　ヴェルサイユに行くのは簡単だよ。

ski
[ski スキー]　名 男

スキー

Rika a envie de faire du *ski*.
　リカはスキーをしたがっています。

soirée
[sware ソワレ]　名 女

晩、夜の時間；(夜の) パーティー

Ils ont passé la *soirée* à jouer aux cartes.
　彼らはトランプをして夜の時間を過ごしました。

Bonne *soirée* !
　さようなら！楽しい夜を！（夕方以降の別れのあいさつ）

sombre [sɔ̃br ソンブル] 形

暗い（⇔ claire 明るい）

Elle est *sombre*, cette chambre !
暗いなあ、この部屋は。

sommeil [sɔmɛj ソメイユ] 名 男

眠り；眠気

◆ avoir sommeil 眠い

J'*ai* très *sommeil* ce soir.
今晩、わたしはとても眠いわ。

sonner [sɔne ソネ] 動

（ベル・電話・時計などが）鳴る

Le téléphone *sonne*. Virginie, va répondre.
電話が鳴ってるわ。ヴィルジニー、電話に出てよ。

《 SONNEZ ET ENTREZ 》
「ベルを鳴らしてお入りください」

sorbet [sɔrbɛ ソルベ] 名 男

シャーベット

Comme dessert, je prendrai un ***sorbet*** au citron.
デザートはレモンシャーベットにするわ。

sorte [sɔrt ソルト] 名 女

種類

On a acheté plusieurs ***sortes*** de gâteaux pour la fête.
パーティーのためにたくさんの種類のお菓子を買いました。

sortie [sɔrti ソルティ] 名 女

出口（⇔ entrée 入口）

Rendez-vous à la ***sortie*** de métro. D'accord ?
メトロの出口で待ち合わせね。いい？

soupe [sup スープ] 名女

スープ

Rika a mangé une ***soupe*** aux légumes.

リカは野菜スープを食べました。

💙 フランス語では、スープは manger「食べる」という動詞を使います。

souvenir [suv(ə)nir スヴニール] 動
souvenu 過分 [suv(ə)ny スヴニュ]

◆ se souvenir de ... 代動 …を思いだす、覚えている

Paul, tu ***te souviens de*** ton enfance ?

ポール、子供の頃のことを覚えてる？

souvent [suvã スヴァン] 副

しばしば、よく

Ils mangent ***souvent*** dans ce restaurant.

彼らはよくそのレストランで食事をします。

sport

[spɔr スポール]　名 男

スポーツ

Qu'est-ce que vous aimez comme ***sport*** ?
スポーツは何が好きですか？

sportif
sportive

[spɔrtif スポルティフ]　男
[spɔrtiv スポルティヴ]　形 女

スポーツの；スポーツ好きな

Jean est très ***sportif***.
ジャンはとてもスポーツ好きです。

station

[stasjɔ̃ スタシオン]　名 女

（地下鉄の）駅；（タクシーの）乗り場

Monsieur, la ***station*** de métro, s'il vous plaît ?
すみません、地下鉄の駅を教えてください。

La ***station*** de taxis est derrière cet immeuble.
タクシー乗り場はこの建物の裏です。

steak　[stɛk ステック]　名男

ステーキ

Paul a mangé un *steak* avec des haricots verts.
ポールはステーキのインゲン添えを食べました。

steak-frites　ステーキのフライドポテト添え

studio　[stydjo ステュディオ]　名男

ワンルームマンション、ステュディオ

Rika habite un *studio* rue d'Alésia.
リカはアレジア通りのステュディオに住んでいます。

♥ 1部屋だけのものを studio、2部屋以上のものを appartement といいます。

stylo　[stilo スティロ]　名男

万年筆；ボールペン（= stylo-bille）

sucre [sykr シュクル] 名 男

砂糖

Vous mettez du ***sucre*** dans votre café ?

コーヒーに砂糖は入れますか？

sud [syd シュッド] 名 男

南（⇔nord　北）

Le studio de Rika se trouve au ***sud*** de Paris.

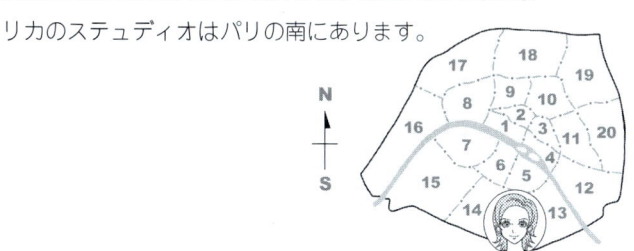

リカのステュディオはパリの南にあります。

suite [sɥit スュイット] 名 女

続き

◆ tout de suite　**すぐに**

Tu es prête, Rika ?

準備はできたかい、リカ？

— ***Tout de suite***.

— すぐに行くわ。

suivre [sɥivr スュイーヴル] 動
suivi 過分 [sɥivi スュイヴィ]

続く、ついていく；(授業を) 受ける

Virginie *suit* Jean partout.
ヴィルジニーはどこにでもジャンの後をついていきます。

supermarché [sypɛrmarʃe シュペルマルシェ] 名 男

スーパーマーケット

Avant de rentrer chez elle, Rika a fait des courses au *supermarché*.
家に帰る前に、リカはスーパーで買い物をしました。

sur [syr シュール] 前

① **…の上に** → 500

② **…に面して**

Le studio de Rika donne *sur* la rue.
リカのステュディオは道路に面しています。

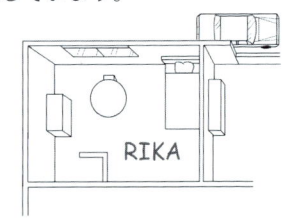

sûr, e   [syr シュール]   形

確かな

C'est *sûr*, cette nouvelle ?
　そのニュースは確かかい？

surtout   [syrtu シュールトゥ]   副

とくに、なかでも

Quelles fleurs aimes-tu ?
　どんな花が好きなの？
— J'aime *surtout* les roses.
　―特にバラが好きよ。

sympathique   [sɛ̃patik サンパティック]   形

感じのいい、楽しい

M. Marceau est très *sympathique*.
　マルソー氏はとても感じのいい人です。

♥話し言葉では、sympa［サンパ］と省略されます。

tableau [tablo タブロー] 名 男
tableaux 複

絵画；黒板

Hélène, comment trouves-tu ce *tableau* ?
エレーヌ、この絵をどう思う？

Le professeur a écrit un problème de mathématiques au *tableau*.
先生は黒板に数学の問題を書きました。

taille [tɑj ターユ] 名 女

（服の）サイズ

Quelle *taille* faites-vous ?
サイズはいくつですか？

— Je fais du 38.
―38です。

tailleur [tɑjœr タイユール] 名 男

（紳士服の）仕立屋；婦人服スーツ、テーラードスーツ

Mon oncle est *tailleur*.
わたしのおじは仕立屋です。

tant [tɑ̃ タン] 副

それほどに

Paul a ***tant*** chanté qu'il a mal à la gorge.
ポールは歌いすぎて、のどが痛い。

◆ tant de ...　それほど多くの…

Virginie, ne mange pas ***tant*** de chocolats !
ヴィルジニー、そんなにたくさんチョコレートを食べてはいけません！

tante [tɑ̃t タント] 名女

おば（⇔ oncle　おじ）

Hélène, va chercher ta ***tante*** à la gare, s'il te plaît.
エレーヌ、おばさんを駅まで迎えに行ってきてくれない。

tard [tar タール] 副

遅く

Ce matin, Rika s'est réveillée très ***tard***.
リカは今朝とても遅く目が覚めました。

tasse [tɑs タス] 名女

カップ

Rika boit une ***tasse*** de café au lait tous les matins.
リカは毎朝カフェオレを1杯飲みます。

te (t') [tə トゥ] 人代

[直接目的語] きみを ; [間接目的語] きみに

tel, *le* [tɛl テル] 不形

そのような

Un ***tel*** plan n'est pas possible.
そんな計画は不可能だよ。

◆ tel, *le* que ...　…のような

Paul, nous avons cherché un chanteur ***tel que*** vous.
ポール、わたしたちはあなたのような歌手を
探していたのです。

télécarte [telekart テレカルト] 名女

テレフォンカード

téléphone [telefɔn テレフォヌ] 名 男

電話

Hélène, on te demande au **téléphone**.

エレーヌ、あなたに電話よ。

téléphoner [telefɔne テレフォネ] 動

電話する

Paul, tu me **téléphoneras** ce soir.

ポール、今晩電話してね。

télévision [televizjɔ̃ テレヴィジョン] 名 女
télé 話 [tele テレ]

テレビ

Maman, je peux regarder la **télé** ?

お母さん、テレビ見ていい？

♥日常会話では、télévision は télé といいます。

tellement　[tɛlmɑ̃ テルマン]　副

それほど

Je ne veux pas sortir : je suis ***tellement*** fatigué !
　外出したくない。それほど疲れているんだ。

◆ tellement ... que ...　とても…なので…だ

Paul était ***tellement*** fatigué ***qu'***il s'est couché tôt.
　ポールはとても疲れていたので、早く寝た。

◆ pas tellement　それほどでもない

Ce film était intéressant ?
　その映画おもしろかった？

— Non, ***pas tellement***.
　―いや、それほどでもないよ。

temps　[tɑ̃ タン]　名 男

時間；時代；天候　→ 500

◆ tout le temps　しょちゅう、いつも

Rika fait des courses dans cette boutique ***tout le temps***.
　リカはいつもその店で買い物をします。

◆ en ce temps-là　あのころ

◆ de temps en temps　ときどき

tenir

[t(ə)nir トゥニール]　動

tenu 過分　　[t(ə)ny トゥニュ]

つかむ、持っている、維持する

Tiens-moi ce sac, s'il te plaît.
　このバッグをもっててよ。

tennis

[tenis テニス]　名 男

テニス

S'il fait beau demain, on va faire du *tennis*.
　もしあしたお天気だったら、テニスをしましょうよ。

terminer

[tɛrmine テルミネ]　動

終える

Vous *avez terminé* ?
　もう（食事は）おすみですか？（レストランで）

◆ se terminer　代動　**終わる**

Le film *se termine* dans dix minutes.
　映画は10分後に終わります。

terrain [terɛ̃ テラン] 名男

グランド、…場

terrain de camping　キャンプ場

terrasse [teras テラス] 名女

ルーフバルコニー；(カフェ・レストランの歩道にテーブルを並べた) テラス

Jean prend un bain de soleil sur la *terrasse*.
　ジャンはルーフバルコニーで日光浴をしています。

La *terrasse* est pleine de monde.
　テラスは満員です。

terre [tɛr テール] 名女

地球；地面、土地；土

TGV [teʒeve テジェヴェ] 名男

フランス新幹線 (= train à grande vitesse)

Rika a pris le *TGV* pour aller à Bordeaux.
　リカはボルドーに行くのにTGVに乗りました。

théâtre [teatr テアトル] 名 男

劇場

Nous allons au ***théâtre*** ce soir.
わたしたちは今晩お芝居を見に行きます。

ticket [tike ティケ] 名 男

切符、チケット

Paul, tu peux me prêter un ***ticket*** de métro ?
ポール、地下鉄の切符を貸してくれない？

💧鉄道・飛行機の切符は billet といいます。

tiens [tjɛ̃ ティアン] 間

ほら、おや、あれっ

Tiens, c'est Hélène qui arrive.
おや、エレーヌが来るよ。

tirer [tire ティレ] 動

引く、引っ張る (⇔ pousser 押す)

Rika, ne pousse pas cette porte. Il faut la *tirer*.
リカ、そのドアは押してはだめだよ。引かなきゃ。

toilettes [twalɛt トワレット] 名女複

トイレ

Où sont les *toilettes* ?
トイレはどこですか？

toit [twa トワ] 名男

屋根

La maison des Poulet a un *toit* rouge.
プーレさんの家の屋根は赤い。

tomate [tɔmat トマット] 名女

トマト

salade de tomates　トマトサラダ

tomber [tɔ̃be トンベ] 動

倒れる、転ぶ ; 落ちる

Attention, Virginie, tu vas ***tomber*** !
気をつけて、ヴィルジニー、転ぶよ！

Des feuilles ***tombent*** de temps en temps.
ときどき、木の葉が落ちてきます。

◆ tomber malade　病気になる

Jean ***est tombé malade*** la semaine dernière.
ジャンは先週病気になった。

tort [tɔr トール] 名 男

間違い

◆ avoir tort　間違っている（⇔ avoir raison　正しい、もっともだ）

Vous ***avez tort*** : il est médecin, pas professeur.
あなたは間違っていますよ。彼は先生ではなく、医者ですよ。

toucher [tuʃe トゥシェ] 動

さわる、ふれる

Virginie, ne ***touche*** pas à ce mur.
La peinture est encore fraîche.
ヴィルジニー、その壁にさわってはだめよ。
ペンキがまだ乾いていないから。

toujours [tuʒur トゥジュール] 副

いつも、あいかわらず

Paul est ***toujours*** gentil avec Rika.
ポールはいつもリカに親切です。

tour¹ [tur トゥール] 名女

塔

Paul, on va monter à la ***tour*** Eiffel.
ポール、エッフェル塔に登りましょうよ。

tour² [tur トゥール] 名男

① **1周**

Ils ont fait un ***tour*** du lac à bicyclette.
彼らは自転車でその湖を1周しました。

Tour de France　トゥール・ドゥ・フランス（フランス1周自転車競技大会）

② **順番**

C'est ton ***tour***.
きみの番だよ。

tout¹ [tu トゥ] 不代

すべて

Tout va bien.
  すべて順調です。

◆ en tout　全部で

Ça fait combien ***en tout*** ?
  全部でおいくらですか？

tout²,e
tous, toutes [tu , tut トゥ、トゥート] 不形

	男性	女性
単数	tout	toute
複数	tous	toutes

すべての、全部の

Jean fait du tennis ***tous*** les jours.
  ジャンは毎日テニスをします。

Hier, il a plu ***toute*** la journée.
  きのうは1日中雨でした。

♥ 《 tous [toutes] les ＋名詞 》は「すべての…」
《 tout (e) ＋ le (la) ＋名詞 》は「…全体、…のすべて」

tout³ [tu トゥ] 副

まったく、きわめて

Jean est ***tout*** content.
　　ジャンはすっかり満足している。

Joyeux anniversaire! Jean!

● tout を使った熟語 ●

tout à coup	とつぜん	tout à fait	まったく
tout à l'heure	少し前、さっき；少し後で		
tout de suite	すぐに		
tout le monde	みんな		
tout le temps	しょっちゅう、いつも		

tranquille [trɑ̃kil トランキル] 形

しずかな

Cet hôtel est ***tranquille***.
　　そのホテルはしずかですよ。

travail [travaj トラヴァーユ] 名 男
travaux 複 [travo トラヴォー]

仕事；勉強

Au *travail* !
さあ仕事だ。

💧 複数形 travaux は「工事」という意味になります。

traverser [travɛrse トラヴェルセ] 動

横切る、（橋・道路などを）渡る

On *traverse* ce parc.
この公園を横切りましょう。

tricoter [trikɔte トリコテ] 動

編む；編み物をする

Mme Marceau aime *tricoter* en écoutant de la musique.
マルソー夫人は音楽を聞きながら編み物をするのが好きです。

triste [trist トリスト] 形

悲しい、悲しそうな；残念な

Rika est *triste* de devoir retourner au Japon le mois prochain.
リカは来月日本に帰らなければならないので悲しがっています。

tromper [trɔ̃pe トロンペ] 動

だます、まちがわせる

◆ se tromper　代動　まちがえる

Désolé. Je *me suis trompé* de numéro.
申し訳ありません。番号をまちがえました。（電話で）

trop [tro トロ] 副

あまりに；（否定表現で）あまり

Ah ! Cette robe est *trop* chère pour moi.
ああ、このワンピースはわたしには高すぎるわ。

J'ai *trop* mangé.
わたしは食べ過ぎました。

Paul, ne parle pas *trop* vite.
ポール、早口でしゃべらないでよ。

trouver [truve トゥルヴェ] 動

① 見つける ➡ 500

Hélène, où est-ce que tu *as trouvé* ce pull ?
エレーヌ、そのセーターどこで見つけたの？

② …が…だと思う

Comment *avez*-vous *trouvé* ce film ?
その映画をどう思いましたか？

— Je l'*ai trouvé* très intéressant.
— わたしはとてもおもしろいと思いました。

◆ se trouver 代動 ある

Ce cinéma *se trouve* devant la gare.
その映画館は駅前にあります。

T-shirt [tiʃœrt ティシュルト] 名 男

Tシャツ

Paul, ce *T-shirt* te va très bien.
ポール、そのTシャツとってもよく似合うわ。

université [yniversite ユニヴェルシテ] 名女

大学

Françoise, la cousine de Jean, est étudiante à l'***université*** de Nice.
> ジャンのいとこのフランソワーズはニース大学の学生です。

usine [yzin ユジーヌ] 名女

工場

utilisation [ytilizasjɔ̃ ユティリザシオン] 名女

利用、使用

L'***utilisation*** de cet appareil est assez difficile.
> この器具の使い方はかなりむずかしい。

utiliser [ytilize ユティリゼ] 動

使う、利用する

M. Dumont ***utilise*** sa voiture pour aller à son bureau.
> デュモン氏は車でオフィスに行きます。

valoir [valwar ヴァロワール] 動
valu 過分 [valy ヴァリュ]

(…の) 値段である

Combien *vaut* cette cravate ?
このネクタイはいくらですか？

— Elle *vaut* 80 euros.
―80ユーロです。

◆ il vaut mieux ＋不定詞　…する方がいい

Pour aller chez eux, *il vaux mieux* prendre l'autobus.
彼らの家に行くには、バスに乗る方がいいです。

vanille [vanij ヴァニーユ] 名女

バニラ

Rika a pris une glace à la *vanille*.
リカはバニラアイスクリームを食べました。

veille [vɛj ヴェイユ] 名女

◆ la veille　前日 (⇔ le lendemain　翌日)

V

vélo [velo ヴェロ] 名 男

自転車（＝bicyclette）；サイクリング

Il aime faire du *vélo*.　彼はサイクリングが好きです。

vendre [vãdr ヴァンドル] 動
vendu 過分 [vãdy ヴァンデュ]

売る

Il *a vendu* sa voiture.　彼は彼の車を売った。

venir [v(ə)nir ヴニール] 動
venu 過分 [v(ə)ny ヴニュ]

① 来る；(相手のところに) 行く　　➡ 500

Rika *est venue* chez nous pour dîner.
　　リカは夕食を食べにわたしたちの家にきました。

Rika, je *viendrai* te voir au Japon.
　　リカ、ぼくはきみに会いに日本にゆくよ。

② ［近接過去］《 venir de ＋不定詞》たった今…したところだ

Le train *vient de* partir.
　　列車はたった今でました。

vente [vɑ̃t ヴァント] 名女

販売

La ***vente*** des billets commence à quelle heure ?
切符の販売は何時から始まるのですか。

vérité [verite ヴェリテ] 名女

真実、事実、本当のこと

Je crois qu'il dit la ***vérité***.
わたしは彼が本当のことを言っていると思うよ。

vers [vɛr ヴェール] 前

① **…頃** → 500

Elles doivent arriver ***vers*** six heures.
彼女たちは6時頃着くはずだ。

② **…のほうに**

Ils sont allés ***vers*** le lac.
彼らは湖のほうに行きました。

vert, e

[vɛr ヴェール]
[vɛrt ヴェルト]

形 男/女

① 緑の ➡ 500

② (野菜が) 生の

légumes verts　生野菜

veste

[vɛst ヴェスト]

名 女

ジャケット

Cette *veste* est un peu trop grande pour moi.
　このジャケットは私には少し大きすぎます。

vêtement

[vɛtmã ヴェットマン]

名 男

衣服

Rika, qu'est-ce que tu mets comme *vêtement* ?
　リカ、服はなにを着るの。

vie

[vi ヴィ]　名女

生活、人生；生命

Qu'est-ce qu'il fait dans la *vie*, votre père ?
あなたのお父様のお仕事はなんですか？
（生活のなかで何をしているのですか）

— Il est médecin.
―医者です。

visage

[vizaʒ ヴィザージュ]　名男

顔、顔だち

Rika a un *visage* rond.
リカは丸顔だ。

visite

[vizit ヴィジット]　名女

訪問；見物、見学

Nous attendons votre *visite*.
わたしたちはあなたの訪問をお待ちしています。

Il faut deux heures pour la *visite* du musée.
その美術館を見学するためには2時間かかります。

visiter [vizite ヴィジテ] 動

（場所を）訪れる、見物［見学］する

Pendant les vacances, nous ***avons visité*** Nice.
バカンス中に、わたしたちはニースを訪れました。

vitre [vitr ヴィートル] 名女

窓ガラス

Jean a lavé les ***vitres*** de sa voiture.
ジャンは車のウインドーを洗いました。

vitrine [vitrin ヴィトリヌ] 名女

ショーウインドー

Ah ! regarde, Hélène, ce manteau dans la ***vitrine*** ! Il est très joli.
あら、エレーヌ、ショーウインドーのなかのあのコートを見て。とてもすてきよ。

vivre [vivr ヴィーヴル] 動
vécu 過分 [veky ヴェキュ]

暮らす、生活する；生きる

Les grands-parents de Jean ***vivent*** à la campagne.
ジャンの祖父母は田舎で暮らしています。

voir [vwar ヴワール] 動
vu 過分 [vy ヴュ]

① **見る；あう** ➡ 500

◆ se voir 代動 たがいに会う

Isabelle et Marcel ***se voient*** tous les jours.
イザベルとマルセルは毎日あっています。

② **わかる**

Tu ***vois*** ?
わかる？／ほらね。

③ **…が…するのを見る［知覚動詞］**

J'***ai vu*** Rika préparer la valise.
わたしはリカがスーツケースに詰めているのを見ました。

V

voisin, e
[vwazɛ̃ ヴォワザン]
[vwazin ヴォワジーヌ]
形/名

形 隣の／**名** 隣人

Leur maison est *voisine* de la boulangerie.
彼らの家はパン屋の隣です。

Mme Marceau va au marché avec sa *voisine*.
マルソー夫人は隣の家の女性といっしょに市場に行きます。

voix
[vwa ヴォワ]
名女

声

Paul a une belle *voix*.　ポールはきれいな声をしている。

voler
[vɔle ヴォレ]
動

盗む

On m'a *volé* mon portefeuille.
わたしは財布を盗まれた。

voleur
voleuse
[vɔlœr ヴォルール]
[vɔløz ヴォルーズ]
名 男/女

泥棒

Au *voleur* !　泥棒だ！

volontiers [vɔlɔ̃tje ヴォロンティエ] 副

よろこんで

On fait une soirée pour Rika demain. Tu viens ?
あしたリカのためにパーティーをするんだ。来るかい？

— ***Volontiers*** !
―よろこんで！

vouloir [vulwar ヴロワール] 動
voulu 過分 [vuly ヴリュ]

…したい；…が欲しい　　　➡ 500

Ah, je ne ***veux*** pas retourner au Japon !
ああ、日本に帰りたくないよ！

Je ***voudrais*** réserver une place d'avion pour Tokyo.
東京への飛行機の座席を予約したいのですが。

vous [vu ヴ] 人代

① [主語] きみたちは、あなた(たち)は　　➡ 500

② [強勢形] きみたち、あなた(たち)　　➡ 500

③ [直接目的語] きみたちを、あなた(たち)を

④ [間接目的語] きみたちに、あなた(たち)に

voyager [vwajaʒ ヴォワィヤジェ] 動

旅行する

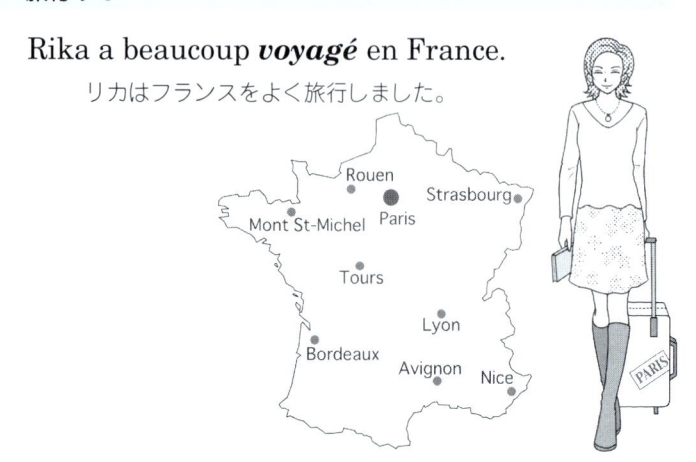

Rika a beaucoup ***voyagé*** en France.

リカはフランスをよく旅行しました。

vraiment [vrɛmɑ̃ ヴレマン] 副

ほんとうに

C'est ***vraiment*** triste que Rika retourne au Japon.

リカが日本に帰るのは本当に残念だ。

vue [vy ヴュ] 名 女

眺め

De ma chambre, j'ai une très belle ***vue*** sur Paris.

わたしの部屋から、パリがきれいに見渡せます。

Y

y	[i イ]	中代

① そこに

Rika, tu vas au marché ?
　リカ、市場に行くの？

— Oui, j'*y* vais.
　—そうよ、そこに行くのよ。

② そのことを（à ... に代わる）

Paul, tu penses à tes vacances ?
　ポール、バカンスのことを考えてる？

— Oui, j'*y* pense souvent.
　—うん、しょっちゅう考えているよ。

yeux	[jø ユ]	名 男 複

目

Rika, qu'est-ce que tu as ? Tu pleures ?
　リカ、どうしたの？　泣いてるの？

— Mais non, j'ai seulement mal aux *yeux*.
　—とんでもないわ、ただ目が痛いだけよ。

♥単数形は œil［ウーユ］

UNITE 3

数 字

1	un / une	16	seize
2	deux	17	dix-sept
3	trois	18	dix-huit
4	quatre	19	dix-neuf
5	cinq	20	vingt
6	six	21	vingt et un / une
7	sept	22	vingt-deux
8	huit	23	vingt-trois
9	neuf	24	vingt-quatre
10	dix	25	vingt-cinq
11	onze	26	vingt-six
12	douze	27	vingt-sept
13	treize	28	vingt-huit
14	quatorze	29	vingt-neuf
15	quinze	30	trente

31	trente et un / une	**81**	quatre-vingt-un
32	trente-deux	**82**	quatre-vingt-deux
40	quarante	**90**	quatre-vingt-dix
50	cinquante	**91**	quatre-vingt-onze
60	soixante	**100**	cent
70	soixante-dix	**101**	cent un
71	soixante et onze	**200**	deux cents
72	soixante-douze	**201**	deux cent un
80	quatre-vingts	**202**	deux cent deux

注意：200以降、端数がつかないときは s をつけますが、端数がつくときは複数形の s はつきません。

1000	mille	**2000**	deux mille
1001	mille un	**10000**	dix mille

注意：mille はつねに無変化です（年号のときだけは mil も使います）。

1997	mil neuf (dix-neuf) cent quatre-vingt-dix-sept
2003	deux mille trois

UNITE 3

序 数 詞

1^{er/ère}	premier / première	11^e	onzième
2^e	deuxième	12^e	douzième
3^e	troisième	13^e	treizième
4^e	quatrième	14^e	quatorzième
5^e	cinquième	15^e	quinzième
6^e	sixième	16^e	seizième
7^e	septième	17^e	dix-septième
8^e	huitième	18^e	dix-huitième
9^e	neuvième	19^e	dix-neuvième
10^e	dixième	20^e	vingtième
		21^e	vingt et unième

序数詞とは「第一、第二…」といった順序を表すときに用います。日付けでは「一日（ついたち）」のときだけ premier を使い、「二日（ふつか）」以降は普通の数字で表します。

【例】　le premier mai （5月1日）

　　　　le deux (trois, quatre...) mai （5月2日、3日、4日…）

パリの「区（arrondissement）」や「世紀」は序数詞で表します。

【例】　le cinquième arrondissement de Paris　（パリ5区）

　　　　le vingt et unième siècle　（21世紀）

UNITE 4

さくいん

さくいんの見方		
à	26	500語・1000語どちらにも記載
acheter	500	500語参照
allé ➡ aller	32	右の単語参照

A

à	26
◆ à cause de …	60
◆ à côté de …	500
◆ à droite	500
◆ à gauche	500
◆ à la place (de …)	200
◆ à pied	199
accident	27
accompagner	28
acheter	500
acteur, actrice	28
addition	28
admirer	29
adorer	29
adresse	29
aéroport	29
affaire	30
âge	500
âgé,*e*	30
agréable	30
aider	31
aimer	500
air	500
alcool	31
allé ➡ aller	32
Allemagne	31
allemand,*e*	31
aller	32
◆ aller chercher …	67
◆ aller mieux	164
aller-retour	33
aller-simple	33
allez	33
allô	500
alors	33
Alpes	34
américain,*e*	34
ami,*e*	500
amitié	34
amuser	34
an	500
ancien,*ne*	35
anglais,*e*	35
Angleterre	35
animal, animaux	35
année	500
anniversaire	36
annoncer	36
août	500
appareil	36
appartement	37
appeler	37
appétit	37
apprendre	38
appris ➡ apprendre	38
après	38
après-midi	500
arbre	500

283

argent	500
arrêt	38
arrêter	39
arrivée	39
arriver	**39**
asseoir	40
◆ Asseyez-vous.	500
assez	40
assis ➜ asseoir	40
attendre	**40**
attendu ➜ attendre	40
attention	**41**
au, aux	500
◆ au bord de ...	52
◆ au contraire	76
◆ au fait	120
◆ au fond de ...	125
◆ au lieu de ...	151
◆ au moins	166
◆ Au revoir.	500
aucun,*e*	41
aujourd'hui	500
aussi	**41**
autant	42
autobus	42
automne	500
autoroute	42
autour (de ...)	43
autre	43
avance	43
avant	500
avec	**44**
◆ avec plaisir	500
avion	500
avis	45
avoir	**45**

◆ avoir besoin de ...	49
◆ avoir bon [mauvais] goût	130
◆ avoir chaud	500
◆ avoir de la fièvre	122
◆ avoir de l'esprit	111
◆ avoir envie de ...	109
◆ avoir faim	500
◆ avoir froid	500
◆ avoir l'air	500
◆ avoir rendez-vous avec ...	227
◆ avoir l'intention de ...	139
◆ avoir l'occasion de ...	177
◆ avoir mal à ...	500
◆ avoir peur	500
◆ avoir raison	223
◆ avoir soif	500
◆ avoir sommeil	244
◆ avoir tort	261
avril	500

B

baguette	47
baigner	47
bain	47
balcon	47
banque	48
barbe	48
bas,*se*	48
bateau, bateaux	49
beau, bel, belle	500
beaucoup (de ...)	500
besoin	49
beurre	49
bibliothèque	49

bicyclette	50
bien	500
◆ bien sûr	500
bientôt	500
bière	50
billet	500
blanc, blanche	500
blesser	50
bleu,*e*	500
blond,*e*	50
boire	51
bois	51
boisson	51
boîte	52
bon,*ne*	52
◆ bon marché	157
bonjour	500
bonsoir	500
bord	52
bouche	53
boucher	53
boucherie	53
bouger	53
boulanger, boulangère	54
boulangerie	54
boulevard	54
bras	54
briller	55
bruit	500
brun,*e*	55
bu ➙ boire	51
bureau, bureaux	55

C

c' ➙ ce	60
◆ c'est ...	60
ça	56
◆ Ça ne me dit rien.	95
cacher	56
cadeau, cadeaux	57
café	500
camarade	57
camion	57
campagne	500
Canada	500
canadien,*ne*	57
capitale	500
car	58
carafe	58
carotte	58
carrefour	58
carte	59
cas	59
casser	59
cause	60
ce 1	500
ce 2	60
◆ Ce n'est pas la peine.	193
◆ ce sont ...	60
ceci	60
cela	60
celle, celles	61
celui	61
cent	281
centre	62
cerise	62
cerisier	62
certain,*e*	63

ces	500	cinéma	500
cet	500	cinq	280
cette	500	cinquième	282
c'est-à-dire	63	cinquante	281
ceux	61	citron	70
chaise	500	clair,e	70
chambre	500	classe	500
Chamonix	500	clé / clef	70
champ	63	cœur	70
chance	500	coin	71
changer	64	collègue	71
◆ changer de ...	64	combien	500
chanson	64	commander	71
chanter	500	comme	72
chanteur, chanteuse	64	◆ comme si	72
chapeau, chapeaux	65	commencer	73
chaque	65	◆ commencer à ...	73
charcuterie	65	comment	73
chat	65	compliment	73
château, châteaux	66	comprendre	74
chaud,e	500	compris ➡ comprendre	74
chaussures	66	compter	74
chef	66	concert	74
chemin	66	conduire	75
chemise	67	conduit ➡ conduire	75
cher, chère	67	confiture	75
chercher	67	congé	75
cheval, chevaux	68	connaître	75
cheveux	500	connu ➡ connaître	75
chez	68	conseiller	76
chien	68	content,e	500
Chine	69	continuer	76
chinois,e	69	◆ continuer à ...	76
chocolat	69	contraire	76
choisir	500	contre	77
chose	69	convenir	77

286

convenu ➡ convenir	77
coucher	77
couleur	**500**
coup	78
couper	78
cour	78
courage	79
courir	79
courrier	79
cours	80
courses	**500**
court,*e*	**500**
couru ➡ courir	79
cousin,*e*	80
coûter	**500**
couverture	80
cravate	81
crayon	81
croire	81
croissant	82
cru ➡ croire	81
cuire	82
cuisine	**500**
cuit ➡ cuire	82
curieux, curieuse	82

D

d' ➡ de	85
d'abord	83
d'accord	**500**
dame	83
dangereux, dangereuse	83
dans	84
◆ dans ce cas-là	59
danser	**500**
date	84
de	85
◆ de ... à ...	85
◆ de bonne qualité	219
◆ de la part de ...	187
◆ De rien.	**500**
de l'	**500**
de la	**500**
debout	**500**
décembre	**500**
décider	86
dedans	87
dehors	87
déjà	87
déjeuner	**500**
délicieux, délicieuse	88
demain	**500**
demander	88
demeurer	89
demi,*e*	**500**
demi-heure	89
dent	89
départ	89
dépêcher	90
depuis	90
◆ depuis longtemps	90
◆ depuis quand	90
◆ depuis que ...	90
déranger	91
dernier, dernière	91
derrière	**500**
des	**500**
descendre	92
descendu ➡ descendre	92
désirer	92

287

désolé,*e*	92	◆ donner sur ...	98
dessert	93	dont	98
dessiner	93	dormir	500
détail	93	dos	99
détester	93	douche	99
deuxième	282	doute	99
deux	280	doux, douce	100
devant	500	douzaine	100
devenir	94	douze	280
devenu ➡ devenir	94	douzième	282
devoir	94	drap	100
devoirs	94	droit	500
◆ d'habitude	133	droit,*e*	101
dictionnaire	95	droite	500
différent,*e*	95	du	500
difficile	500	◆ du moins	166
dimanche	500	dû, due ➡ devoir	94
dîner	500	dur,*e*	101
dire	95	durer	101
directeur, directrice	96		
◆ Dis.	95		
disparaître	96	**E**	
disparu ➡ disparaître	96		
disque	96	eau	500
distribuer	97	école	500
dit ➡ dire	95	écouter	102
◆ Dites.	95	◆ Écoutez. / Écoute.	102
dix	280	écrire	102
dix-huit	280	écrit ➡ écrire	102
dixième	282	effet	102
dix-neuf	280	église	500
dix-sept	280	eh	500
doigt	97	◆ eh bien	500
dommage	97	élève	103
donc	97	elle	500
donner	98	elles	500

288

embarrasser	103	espérer	111
embrasser	103	esprit	111
emprunter	103	essayer	111
en 1	104	est	111
en 2	106	est-ce que ... ?	500
◆ en avance	43	estomac	112
◆ en dedans de ...	87	et	500
◆ en dehors de ...	87	étage	112
◆ en effet	102	États-Unis	112
◆ en face (de ...)	500	été	500
◆ en haut (de ...)	134	été ➜ être	114
◆ en plein soleil	202	étoile	112
◆ en retard	231	étonner	113
◆ en tout	263	étranger, étrangère	113
◆ en tout cas	59	être	114
enchanté,e	107	◆ être à ...	500
encore	500	◆ être en bonne santé	236
enfance	107	◆ être étonné de ...	113
enfant	500	◆ être là	500
enfin	107	étude	114
enseigner	107	étudiant,e	500
ensemble	500	eu ➜ avoir	45
ensuite	108	euh	500
entendre	108	euro	115
entendu ➜ entendre	108	eux	500
entre	108	exagérer	115
entrée	109	examen	500
entrer	500	excellent,e	115
enveloppe	109	excursion	116
envie	109	excuser	116
environ	110	◆ Excusez-moi !	500
envoyer	500	exemple	117
erreur	110	expliquer	117
escalier	110	exposition	117
Espagne	110	extérieur,e	117
espagnol,e	110		

F

facile	**500**
facteur	118
faible	118
faim	**500**
faire	118
◆ faire attention à ...	41
◆ faire cuire	82
◆ faire de la natation	170
◆ faire des photos	197
fait ➜ faire	118
fait	120
falloir	**500**
famille	120
fatigué,*e*	**500**
faute	120
faux, fausse	121
femme	**500**
fenêtre	**500**
fer	121
fermé,*e*	**500**
fermer	**500**
fermeture	121
fête	121
feu	122
février	**500**
fiancé,*e*	122
fièvre	122
figure	123
fille	**500**
film	123
fils	**500**
fin	123
fini,*e*	**500**
finir	**500**
fixé,*e*	123
fleur	**500**
fleuriste	124
flûte	124
fois	124
fond	125
foot / football	125
forêt	125
fort	**500**
fort,*e*	126
◆ fort,*e* en ...	126
frais, fraîche	126
fraise	126
franc	**500**
français,*e*	**500**
France	**500**
frapper	127
frère	**500**
froid	127
froid,*e*	**500**
fromage	**500**
fruit	127
fumer	127

G

gagner	128
gants	128
garçon	**500**
garder	128
gare	**500**
gâteau, gâteaux	128
gauche	129
genou, genoux	129
gens	**500**

gentil,*le*	500
géographie	129
glace	129
gorge	130
goût	130
gramme	130
grand,*e*	500
grandeur	131
grand-mère	131
grand-père	131
grands-parents	131
grave	132
Grèce	132
gros,*se*	500
gym / gymnastique	132

H

habiller	133
habiter	500
habitude	133
hall	133
haricot	134
haut	134
haut,*e*	500
heure	134
heureusement	135
heureux, heureuse	135
hier	500
histoire	135
hiver	500
homme	500
hôtel	500
huit	280
huitième	282

I

ici	500
idée	500
identité	136
il	500
◆ il est convenu que …	77
◆ il fait chaud	500
◆ il fait froid	500
◆ il me semble que …	239
◆ il ne faut pas …	500
◆ il reste …	500
◆ il vaut mieux …	269
île	136
il y a	136
ils	500
immeuble	136
important,*e*	500
impossible	137
indiquer	137
ingénieur	137
inquiéter	137
installer	138
instant	138
intelligent,*e*	138
intention	139
intéressant,*e*	500
intérieur,*e*	139
interprète	139
interruption	139
inviter	140
Italie	140
italien,*ne*	140

J

jamais	141
jambon	141
jambe	500
janvier	500
Japon	500
japonais,*e*	500
jardin	500
jaune	141
je	500
◆ Je t'embrasse.	103
◆ Je vous en prie.	500
jeter	141
jeu, jeux	142
jeudi	500
jeune	500
joli,*e*	500
jouer	142
◆ jouer à ...	142
◆ jouer de ...	142
jouet	143
jour	143
◆ jour et nuit	143
journal	500
journaliste	143
journée	500
juillet	500
juin	500
jupe	143
jus	144
jusqu'à	500
juste	144

K

kilo / kilogramme	145
kilomètre	500
kiosque	145

L

l' ➡ le / la	148
la	148
◆ la veille	269
là-bas	146
lac	146
laisser	146
lait	147
langue	147
laquelle	150
large	147
lavabo	147
laver	148
le	148
◆ le lendemain	149
◆ le plus tôt possible	208
leçon	500
léger, légère	500
légume	149
lendemain	149
lentement	149
lequel	150
les	148
lesquels, lesquelles	150
lettre	500
leur	150
leurs	500
lever	151

libre	151
lieu	151
ligne	152
lire	152
lit	500
livre	500
logement	152
loin (de ...)	500
long,ue	500
longtemps	153
lourd,e	500
Louvre	500
lu ➡ lire	152
lui	153
lundi	500
lunettes	153
lycée	153
lycéen,ne	153
Lyon	500

M

m' ➡ me	159
ma	500
madame	500
mademoiselle	500
magasin	154
magnifique	154
mai	500
maigre	154
maigri ➡ maigrir	154
maigrir	154
main	500
maintenant	500
mairie	155
mais	155
maison	500
mal	155
malade	500
malheureux, malheureuse	156
maman	500
manger	500
manquer	156
manteau, manteaux	156
marchand,e	157
marché	157
marcher	157
mardi	500
mari	158
marier	158
mars	500
Marseille	500
match	158
mathématiques	158
matin	500
matinée	159
mauvais,e	500
mayonnaise	159
me	159
méchant,e	159
médecin	500
médecine	160
meilleur,e	160
même	160
ménage	161
menu	162
mer	500
merci	500
mercredi	500
mère	500
mes	500

message	161
mesurer	162
métier	162
mètre	162
métro	163
mettre	163
meuble	163
meublé,*e*	164
midi	500
Midi	164
mieux	164
mignon,*ne*	165
mil	281
mille	281
mince	165
mini jupe	165
minuit	500
minute	500
mis ➡ mettre	163
moderne	165
moi	166
◆ moi-même	160
moins	166
mois	500
moment	500
mon	500
monde	167
monnaie	167
monsieur	500
montagne	500
monter	500
montre	500
montrer	167
mort	168
mort ➡ mourir	168
mot	500
moto	168
mourir	168
moustache	168
mur	169
musée	500
musicien,*ne*	169
musique	500

N

n' ➡ ne	172
nager	170
naître	170
natation	170
nationalité	171
nature	171
naturel	171
ne	172
◆ ne ... pas	500
◆ ne ... plus	500
◆ ne ... rien	500
◆ ne pas devoir ...	94
◆ ne quittez pas	222
né ➡ naître	170
nécessaire	172
neige	173
neiger	173
n'est-ce pas ?	173
nettoyer	173
neuf	280
neuf, neuve	174
neuvième	282
neveu, neveux	174
ni	174
Nice	500

nièce	175
noir,*e*	500
nom	500
nombre	175
non	500
◆ non plus	203
nord	175
nos	500
note	175
notre	500
nous	176
nouveau, nouvel, nouvelle	500
nouvelle	176
novembre	500
nuage	176
nuit	500
◆ nuit et jour	143
numéro	176

O

obéi ➜ obéir	177
obéir	177
occasion	177
occupé,*e*	177
occuper	178
octobre	500
œuf	178
œil ➜ yeux	279
offert ➜ offrir	178
offrir	178
oignon	179
omelette	179
on	500
oncle	179

onze	280
onzième	282
opéra	180
orange	180
ou	500
où	180
oublier	181
ouest	181
oui	500
ouvert ➜ ouvrir	181
ouvert,*e*	500
ouvrir	181

P

page	182
pain	500
panne	182
pantalon	182
papa	500
papier	183
paquet	183
par	183
◆ par exemple	117
paraître	184
parapluie	184
parc	184
parce que	500
pardon	500
pareil,*le*	185
parents	500
parfait,*e*	185
parfois	185
parfum	186
Paris	500

parler	186
◆ parler à ...	186
◆ parler de ...	186
parmi	187
part	187
partie	188
partir	500
partout	188
paru ➡ paraître	184
pas	189
◆ pas de ...	500
◆ Pas de problème.	189
◆ Pas du tout.	189
◆ pas encore	500
◆ pas mal	155
◆ pas tellement	256
passeport	500
passer	190
patience	191
pâtisserie	191
pauvre	500
payer	191
pays	191
paysage	192
peindre	192
peine	193
peint ➡ peindre	192
peintre	193
peinture	193
pendant	500
penser	194
perdre	194
perdu ➡ perdre	194
père	500
permettre	195
permis ➡ permettre	195

personne	195
peser	195
petit,e	500
◆ petit déjeuner	500
peu	196
◆ peu à peu	196
◆ peu de ...	196
peur	500
peut-être	196
pharmacie	197
photo	197
photographe	197
photographie	198
pianiste	198
piano	198
pièce	198
pied	199
pierre	199
piscine	199
place	200
plage	200
plaire	200
plan	201
plat	201
plein,e	202
pleurer	500
pleuvoir	202
plu ➡ plaire	200
plu ➡ pleuvoir	202
pluie	202
plus	203
plusieurs	203
plutôt	204
poche	204
point	204
poisson	204

296

poivre	205
police	205
policier, policière	205
pomme	500
pomme de terre	205
pont	206
port	206
porte	500
portefeuille	206
porter	207
portrait	207
poser	207
possibilité	208
possible	208
poste	500
potage	209
poulet	209
poupée	209
pour	210
◆ pour la première fois	124
pourquoi	500
pousser	211
pouvoir	211
pratique	212
préférer	212
premier, première	500
prendre	212
◆ prendre froid	127
préparer	500
près (de ...)	500
présenter	213
président	214
presque	214
prêt,e	214
prêter	214
prier	215

printemps	500
pris ➡ prendre	212
pris,e	215
prix	215
problème	216
prochain,e	500
professeur	500
profond,e	216
projet	216
promenade	216
promener	217
propre	217
pu ➡ pouvoir	211
public, publique	217
puis	218
puisque	218
pull	218

Q

qu' ➡ que	220
qualité	219
quand	219
quand même	219
quarante	281
quart	500
quartier	220
quatorze	280
quatorzième	282
quatre	280
quatre-vingts	281
quatre-vingt-dix	281
quatrième	282
que	220
◆ Qu'est-ce que ... ?	500

◆ Qu'est-ce qui ... ?	500	rendu ➡ rendre	227
quel,*le* ...?	500	rentrer	500
quelque	221	réparer	227
◆ quelque chose	500	repas	228
◆ quelque part	187	répéter	228
quelqu'un,*e*	221	répondre	228
question	500	répondu ➡ répondre	228
qui	221	repos	229
◆ Qui est-ce que ... ?	500	reposer	229
◆ Qui est-ce qui ... ?	500	reprendre	229
quinze	280	repris ➡ reprendre	229
quinzième	282	réserver	230
quitter	222	ressembler	230
quoi	222	restaurant	500
		reste	230
		rester	500

R

		retard	231
		retourner	231
raconter	223	retrouver	231
radio	223	réunion	231
raison	223	réussir	500
rappeler	224	réveiller	232
ravi,*e*	224	revenir	232
recevoir	224	revenu ➡ revenir	232
recommander	225	revoir	232
recommencer	225	revu ➡ revoir	232
reconnaître	225	ri ➡ rire	233
reconnu ➡ reconnaître	225	riche	500
reçu ➡ recevoir	224	rideau, rideaux	233
regarder	500	rien	500
regretter	225	rire	233
remarquer	226	rivière	233
remercier	226	robe	500
rencontrer	226	roman	234
rendez-vous	227	rond,*e*	234
rendre	227	rose	234

rouge	500
route	234
rue	500

S

s' ➜ se / si	237, 242
sa	500
sac	500
sage	235
saison	500
salade	235
salle	500
◆ salle de bains	47
salon	235
samedi	500
sandwich	235
sans	236
◆ sans aucun doute	99
◆ sans doute	99
◆ sans interruption	139
santé	236
sauf	236
savoir	237
se	237
◆ s'amuser	34
◆ s'appeler	500
◆ s'arrêter	39
◆ s'asseoir	40
◆ se baigner	47
◆ se blesser	50
◆ se cacher	56
◆ se casser	59
◆ se coucher	77
◆ se couper	78
◆ se décider à …	86
◆ se demander	88
◆ se dépêcher	90
◆ s'en aller	32
◆ s'excuser	116
◆ se faire mal à …	155
◆ s'habiller	133
◆ s'inquiéter	137
◆ s'installer	138
◆ se laver	148
◆ se lever	151
◆ se marier	158
◆ se passer	190
◆ se promener	217
◆ se rappeler	224
◆ se reposer	229
◆ se retrouver	231
◆ se réveiller	232
◆ se revoir	232
◆ se sentir	239
◆ se souvenir de …	246
◆ se terminer	257
◆ se tromper	266
◆ se trouver	267
◆ se voir	275
second,*e*	237
secret	238
secrétaire	238
seize	280
seizième	282
sel	238
semaine	500
sembler	239
sens	239
senti ➜ sentir	239
sentir	239

sept	280
septembre	500
septième	282
sérieux, sérieuse	240
servi ➜ servir	241
service	240
serviette	240
servir	241
ses	500
seul,*e*	241
seulement	241
si	242
◆ s'il te plait	201
◆ s'il vous plait	500
silence	243
simple	243
six	280
sixième	282
ski	243
sœur	500
soif	500
soir	500
soirée	243
soixante	281
soixante-dix	281
soleil	500
sombre	244
sommeil	244
son	500
sonner	244
sorbet	245
sorte	245
sortie	245
sortir	500
soupe	246
sous	500

souvenir	246
souvent	246
souvenu ➜ souvenir	246
sport	247
sportif, sportive	247
station	247
steak	248
studio	248
stylo	248
su ➜ savoir	237
sucre	249
sud	249
suite	249
suivi ➜ suivre	250
suivre	250
supermarché	250
sur	250
◆ sur votre droite	500
◆ sur votre gauche	500
sûr,*e*	251
surtout	251
sympa ➜ sympathique	251
sympathique	251

T

t' ➜ te	254
ta	500
table	500
tableau, tableaux	252
taille	252
tailleur	252
tant	253
◆ tant de...	253
◆ tant que ça	56

tante	253	◆ tomber malade	261
tard	253	ton	500
tasse	254	tort	261
taxi	500	tôt	500
te	254	toucher	261
tel,*le*	254	toujours	262
◆ tel,*le* que ...	254	tour 1	262
télé ➜ télévision	255	tour 2	262
télécarte	254	tourner	500
téléphone	255	tous	263
téléphoner	255	◆ tous les jours	143
télévision	255	tout 1	263
tellement	256	◆ tout à coup	78
◆ tellement ... que ...	256	◆ tout à fait	120
temps	256	◆ tout à l'heure	134
tenir	257	◆ tout de suite	249
tennis	257	◆ tout droit	500
tenu ➜ tenir	257	◆ tout le monde	167
terminer	257	◆ tout le temps	256
terrain	258	tout 2	263
terrasse	258	tout 3	264
terre	258	toute	263
tes	500	train	500
tête	500	tranquille	264
TGV	258	travail, travaux	265
thé	500	travailler	500
théâtre	259	traverser	265
ticket	259	treize	280
tiens	259	treizième	282
timbre	500	trente	280
tirer	260	très	500
toi	500	tricoter	265
toilettes	260	triste	266
toit	260	trois	280
tomate	260	troisième	282
tomber	261	tromper	266

301

trop	266
trouver	267
T-shirt	267
tu	500

U

un, une	280
◆ Un moment !	500
◆ un peu (de ...)	196
université	268
usine	268
utilisation	268
utiliser	268

V

vacances	500
valise	500
valoir	269
valu ➜ valoir	269
vanille	269
vécu ➜ vivre	275
veille	269
vélo	270
vendre	270
vendredi	500
vendu ➜ vendre	270
venir	270
vent	500
vente	271
venu ➜ venir	270
vérité	271
verre	500

vers	271
vert,*e*	252
veste	272
vêtement	272
viande	500
vie	273
vieux, vieil, vieille	500
village	500
ville	500
vin	500
vingt	280
vingtième	282
visage	273
visite	273
visiter	274
vite	500
vitre	274
vitrine	274
vivre	275
voici	500
voilà	500
voir	275
voisin,*e*	276
voiture	500
voix	276
voler	276
voleur, voleuse	276
volontiers	277
vos	500
votre	500
vouloir	277
voulu ➜ vouloir	277
vous	277
voyage	500
voyager	278
vrai,*e*	500

vraiment	278	**Y**	
vu ➡ voir	275		
vue	278	y	279
		yeux	279

W

week-end   500

❤著者略歴

田中成和（たなか　しげかず）
立教大学，明治大学講師．
主な著書：『完全予想仏検3級，4級，5級』（共著・駿河台出版社），
ほか辞書，参考書多数．

渡辺隆司（わたなべ　たかし）
青山学院大学，日本女子大学講師．
主な訳書：『イニシャルはBB──ブリジッド・バルドー自伝』（早川書房），
ほか翻訳多数．

内田由紀（うちだ　ゆき）
筑波研究学園専門学校講師．
広告・デザイン業界でキャラクター＆イラストレーションに活躍中．

❤このトリオで楽しみながら学べるリカ・シリーズ（駿河台出版社）を制作しています．
　今後も「使えるフランス語」をテキストや参考書に展開していく予定です．

> ❤ 愛読書カードをお送りくださった方には，リカとポールのポス
> トカード（2枚1組）をプレゼントいたします．
> また，メールでも本書の読後感や，ご意見ご希望をお寄せください．
> E-Mail : s.henshu@e-surugadai.com（編集部）
> E-Mail : takashi@rika.club.ne.jp/paul@rika.club.ne.jp（著者）

リカのフランス語単語帳1000──初級編

2003年5月1日　初版発行

著　者　　田中成和・渡辺隆司
発行者　　井田洋二

駿河台出版社

〒101-0062
東京都千代田区神田駿河台3の7
電話　03（3291）1676
FAX　03（3291）1675
振替　00190-3-56669

乱丁本・落丁本はお取り替えいたします．
印刷　（株）フォレスト／製本　三友印刷

©2003　Shigekazu TANAKA, Takashi WATANABE, Printed in Japan.
ISBN-4-411-00491-7 C1085
本書の一部あるいは全部を無断で複写複製することは，法律で認められた場合
を除き，著作権の侵害となります．